MANFRED MAGG

Traditionelles Handlesen

Chiromancia
Sampt jhrer Theorick/
Practick/ vnd Astronomischer Concordantz
vnd Vergleichung der Nativiteten/ oder
Geburtsfiguren/ in etlichen
Exempeln.

Ist zu endegesetzt/ das Leben vnd fürnembste
Thaten Alexandri Magni/ Königes in Macedonien/
vnd Monarchen des gantzen Orientkreises/ neben sei-
ner Nativitet/ auff Historische vnd Astro-
logische arth. etc.

Alles mit Philosophischem vnd Astronomischem
Grunde verfasset vnnd außgeführet/

Durch

JOHANNEM ROTHMANNUM,
Medicum vnd *Mathematicum*.

Iobi 37. 7.

Qui in manu omnium hominum signa posuit, ut cognoscerent opera eius singuli.

Gedruckt zu Erffordt/ bey Johann Becken.

Anno M. D. XCVI.

Manfred Magg

Traditionelles Handlesen

Die Chiromantie und Astrologie von Johannes Rothmann

CHIRON VERLAG

ISBN 978-3-89997-275-7

Umschlag: Judith Hamann, Tübingen
Druck: SDL, Berlin

Zu beziehen über:
Chiron Verlag, Postfach 1250, D-72002 Tübingen
www.chironverlag.com

Inhalt

Als jede Himmelserscheinung, bei der die Planeten
in ihr eigenes Haus zurückkehren, erfasst war
und jeder Konstellation wegen ihrer
unbestreitbaren Schicksalsbestimmung
ihre Wirkkraft zugeordnet war,
machte die vielfache Praxis
aus der Erfahrung eine Lehre,
wobei das Beispiel den Weg wies.
Sie lernte die Sterne,
die nach stillen Gesetzen regieren,
durch lange Betrachtung zu begreifen,
auch, dass der gesamte Kosmos
durch ewiges Walten bewegt wird
und dass jedes Schicksal
durch bestimmte Gestirne
verschieden ist.

- Marcus Manilius –

Vorwort

Das Buch CHIROMANCIA SAMPT JHRER THEORICK, PRACTICK, VND ASTRONOMISCHER CONCORDANTZ (1596) von Johannes Rothmann ist einzigartig, denn in der Weltliteratur gibt es kein zweites, das in gleicher Weise die Chiromantie und Astrologie miteinander verbindet. Obwohl man die Qualität seiner Methoden vielleicht nicht erkennt, zeugen sie von beachtlichem Wissen und Können. Manche Signaturen interpretiert ein versierter Chirologe heute anders, wie zum Beispiel die im Text beschriebene »Via Cerebralis« (Linie des Haupts). Heute nennen wir sie Merkurlinie und die »Mittellinie« heißt Kopflinie. Obwohl Rothmanns Arbeit ein methodischer Fingerzeig ist, geriet sie bald in Vergessenheit. Das lag nicht zuletzt am Verbot der »divinatorischen Künste« durch die päpstliche Bulle von 1586, die auch die Astrologie betraf. Das Aufkommen des kopernikanischen Weltbilds und die Wirren des Dreißigjährigen Kriegs mit der anschließenden Pestzeit taten ihr Übriges.

Die elektronische Speicherung und das Internet öffnen uns heute allerdings viele Zugangswege. Dadurch gelangte diese Schrift in meine Hände und vor fünf Jahren begann ich mit der Übertragung in eine heute verständliche Sprache. Das Nachprüfen und Strukturieren war mitunter mühsam, da im Original nicht alle wichtigen Daten angegeben und die verwendeten astrologischen Methoden heute kaum mehr üblich sind. Deshalb waren mir die sachkundigen Hinweise von Raphael Gil Brand sehr hilfreich. Dafür danke ich ihm, wie auch meinem Verleger Reinhardt Stiehle, der es ermöglicht, die vergessene Schrift wieder ans Licht zu heben.

Manfred Magg,
Aichwald, den 5. Februar 2020

Teil I
Von den Grundlagen der Chiromantie

Chiromantie wird die Weissagung aus der Hand über die Natur eines Menschen, über sein Wesen, Schicksal und über Wechselfälle seines Lebens genannt. Darüber hinaus bezeichnet man als Chiromantie auch die Sternkonstellationen im Menschen, wie sie zu seiner Geburtszeit standen und wie sie in den Händen, Füßen, Adern und anderen Linien des Leibes liegen.

Daraus lässt sich vernehmen, dass diese Signaturen und eingeprägte Linien, von denen die Chiromantie berichtet, nicht ohne die Wirkung der oberen Gestirne zustande gekommen wären. Was im Anfang oder zu Beginn der Schöpfung von Gott dem Allmächtigen an Weisheit und Vorherbestimmung dem Obergestirn als gesetzmäßige Ordnung gegeben wurde, finden wir in jedem Tier und Gewächs auf Erden, da diese seiner Weisheit, den Sternen des Himmels und den himmlischen Figuren unterworfen sind, wie sie sich für ewig zeigen.

Da sich die Chiromantie im Allgemeinen nicht allein auf die Hände bezieht, sondern auch auf andere Kreaturen und Geschöpfe, ist es notwendig, uns ein wenig unter den Kreaturen umzusehen, dass wir die Grundlagen und die schöne Art der Chiromantie besser verstehen lernen.

Im Obergestirn und Firmament finden wir ähnliche Signaturen und Zeichen. Der Himmel muss astronomisch in seinem Lauf und in seiner Wirkung erkannt und verstanden werden: Die Astronomie mag einer lesen wie er will oder ein guter Astronom werden, und dennoch nützt ihm das wenig, wenn er die Sterne und Zeichen am Himmel nicht aufnehmen will.

Wenn wir die sieben Planeten richtig betrachten, erkennen wir, dass jeder eine andere Größe, Bahn, einen anderen Glanz, Schein und eine andere Pracht besitzt. Gleiches gilt für den Abstand und die Höhe von der Erde aus gesehen. Deshalb muss daraus gelernt werden, dass jeder Planet sein eigenes Wissen, seinen besonderen Einfluss sowie seine eigene Natur und Wirkung besitzt. Je nach Lauf, Stellung und Aspekt in Beziehung zu den anderen Planeten und Sternen erregen sie in den irdischen Dingen und Elementen, die ihnen unterworfen sind, ein bestimmtes Leben und entsprechende Zeichnungen. Sie bringen diese zur Vollkommenheit und erhalten sie.

Die physikalischen Gesetze, wie sie von Hermes Trismegistos, Plato und anderen Philosophen beschrieben wurden, lauten: »Für alle irdischen Erscheinungen gibt es eine Ursache, die in der Natur der Himmelskörper liegt.«

Dieses Gesetz ist und bleibt ewig und bildet das Fundament des Studiums der Geheimnisse der Natur. Darin liegt der Grund, warum der Himmel und das Firmament von den alten Magiern und Weisen durch mancherlei Bilder und Imaginationen beschrieben und gezeichnet wurde. Deshalb wurden den verschiedenen Sternen und Sternbildern bestimmte Namen verliehen. Die Namen und Sternbilder am Himmel haben mit der Art, den Eigenschaften und der Wirkung der Imaginationen zu tun, die man ihnen zugeschrieben hat. Sie wurden richtig getroffen und gelten bis auf den heutigen Tag.

Geheimnis der Sterne

Der Serpentarius oder Schlangenträger ist mit den Schlangen verwandt und von giftiger Natur. Wenn zur Geburtszeit eines Menschen ein Stern, der die Lebenskräfte betrifft, am Himmel mit dem Ort des Schlangenträgers in Verbindung steht, bedeutet das Unglück. Das Sternbild spricht dafür, dass der Mensch durch Gift umkommen und sterben wird. Ähnliches gilt für den Skorpion.

Andererseits wirken diese auch als Gegengifte gegen die Pest und giftige Tiere. Sie wehren diese ab und treiben sie aus, wenn ihr Einfluss zur rechten Zeit durch einen Heilstein oder ein Metall heruntergeführt wird.

Der Löwe als Aszendent macht mutig, die Jungfrau belehrend, der Stier verleiht starke Glieder. Der Wassermann bringt es zu großen Ehren. Die Waage verleiht eine Begabung zur Poesie sowie ein erfolgreiches Talent für eine wohlklingende Stimme. Der Schütze gibt die Lust zum Jagen. Dies gilt für die Zeichen gleichermaßen, ob sie nun am Aszendenten stehen oder in der Himmelsmitte. Diese Eigenschaften ergeben sich aus dem Geburtshoroskop.

Wer die Geheimnisse der Sterne und der himmlischen Figuren und was die alten Philosophen damit gemeint und gelehrt haben, recht versteht, kann selbst bei den heftigsten Krankheiten wunderliche Dinge bewirken und zwar vorbeugend wie auch heilend. Dadurch benötigt er wenige oder gar keine innerlich eingenommenen Heilmittel. Von anderen Dingen will ich schweigen. Sie sind uralte philosophische Geheimnisse, die Hermes Trismegistos, Platon, Virgil, Manilius wie auch den heiligen Kirchenvätern, den Propheten des Alten Testamentes und anderen bekannt waren. Dies könnte man aus der Bibel zeigen.

Unsere derzeitigen Philosophen und Gegner der Astrologie finden das lächerlich, verächtlich und bleiben bei dem alten Spruch: »Was über uns ist, hat für uns keine Bedeutung«.

Wenn du jedoch die Lust und Liebe dazu verspürst, die Natur in ihrer Größe zu erkennen, zu studieren und zu verstehen – was ohne die Astronomie nicht möglich ist – ärgere dich nicht darüber und spare keinen Fleiß. Lass jeden Vogel singen, wie ihm der Schnabel gewachsen ist.

Signaturen der Tiere

Betrachte ferner die Tiere, ihre Gestalt und Farbe, den Gang, die Stimme oder Laute. Beim Pferd erkennst du an Farbe und Gang, welche Natur und Eigenschaften es besitzt und zu welchen Planeten und Himmelszeichen es gehört. Das Pferd, das prächtig einhergeht, offenbart starken Mut, Haltung und Hochmut. Es zeigt damit, dass es im Tierkreiszeichen des Löwen geboren wurden, und der Sonne untersteht.

Der Esel gibt durch seine Farbe, seinen langsamen Tritt und seine Faulheit zu erkennen, dass er dem Saturn zugehört. Der Löwe lässt durch Farbe, Bewegung, Haupt und Heldenmut leicht erkennen, dass er der Sonne unterworfen ist.

Der grimmige Bär verrät durch seine Wildheit und Angriffslust, dass er die Natur des Mars und Saturn in sich trägt. Er ist dem Steinbock unterworfen, obwohl er auch dem Stier zugeschrieben wird.

Der Hahn zeigt durch sein Rufen, Schreien und seinen wackeren Mut an, dass er der Sonne untersteht. Das gilt auch, weil er morgens vor Sonnenaufgang seinen Herrn, die Sonne, deren Aufgang danach immer naht, jubilierend anruft. Ähnliches gilt für die anderen Tiere.

Aus der Betrachtung der äußeren Form, Gestalt und des Habitus der Tiere ist die Physiognomik hervorgegangen, die sich auf den Menschen bezieht. Mit welchem Tier sich ein Mensch in Bezug auf Aussehen, Gestalt, Gebärden, Wille, Stimme, Gang usw. am ehesten vergleichen lässt, dessen Begabung, Natur und Art wird man bei ihm finden. In gleicher Gestalt hat die Natur die Fische, Vögel, Bäume, Kräuter, Steine, Metalle, Erden usw. wunderbar gezeichnet. Wir müssen davon nur einige Beispiele anschauen: Der Karpfen hat einen kleinen, dreieckigen Knochen im Kopf, der einem bestimmten Gehirnbereich ähnelt und der die beste Abhilfe gegen die Fallsucht ist. Dadurch werden wir belehrt, dass der Karpfenstein die Epilepsie heilt. Deshalb ist dieser Fisch für denjenigen als Nahrung gut, der unter dieser Krankheit leidet.

Der Hecht trägt ein Kreuz im Kopf. Daraus ist das Sprichwort entstanden, der Satan könnte sich in alle Fische verwandeln mit Ausnahme des Hechtes. Was meinst du nun, für was das Kreuz des Hechtes zu gebrauchen wäre?

Die Schleie bietet wegen ihrer gelben Farbe eine Abhilfe gegen die Gelbsucht, insbesondere, wenn sie mit einer zeitweiligen Erkrankung auftritt. Wenn man den Fisch auf den Kranken legt, zieht er das Gift der Pest heraus. Diejenigen Fische und Vögel, die giftige Würmer ohne Schaden fressen und verdauen, zeigen dadurch an, dass ihr Fleisch schädliches Gift entzieht, wenn man es auflegt. Zu diesen Tieren gehören Störche, Amseln, Pfauen, Aale, Schleien und andere. Sie sind meist dem Skorpion zugordnet und werden während der Pestzeit von den einfachen Leuten zum Heilen verwendet.

Signaturen der Pflanzen

Bei den Kräutern können wir die Signaturen der wunderbaren Samen, Wurzeln, Stängel, Blüten und Blätter unterscheiden. Ihr Geruch und Geschmack geben uns Hinweise auf ihre Kraft und Eigenart in Bezug auf ihre Wirksamkeit bei bestimmten Krankheiten.

Die Distel ist ein stacheliges Kraut. Sie zeigt durch ihre Signatur an, dass eine verborgene Kraft oder Sternenkraft in ihr liegt, die gegen das Stechen in der Brust und den Seiten wirkt. Auf diese Weise hat die Natur ihren eigenen Verräter in jedes Kraut und Gewächs gebannt.

Die Signatur des roten Knöterichs persicaria ist frischen Wunden verwandt, das beweist die Form des Blutes und der rote Blutstropfen, die sich inmitten des Blattes befinden. Wenn wegen einer falschen Ernährung Wunden oder eine Geschwulst mit Blut und Fieber entstehen, bedarf es eines dreifachen Rezeptes und einer dreifachen Arznei, denn sie muss alle drei behandeln. Dazu hat der rote Knöterich persicaria die genügende Kraft. Die Arznei gegen das Bluten befindet sich im Stängel. Betrachte nur, wie rot er ist. Wie ein Blutstropfen nach dem anderen aus der Wunde tropft, genauso ist der Stängel des Knöterichs in seiner Signatur und Form beschaffen. Zur Heilung der Geschwülste sind aber die Blätter und Kerne des Pfirsichs geeignet. Betrachte dazu die Frucht des Pfirsichs, nachdem du sie mit den Fingern eingedrückt hast. Zusammen mit den Blättern bilden sie eine Hilfe zur Heilung der Wunden. Im knotigen Stängel des roten Knöterichs persicaria liegt ein weiteres Geheimnis verborgen, über das wir hier nicht weiter berichten.

Die Seerose zeigt in ihrer Signatur etwas von einer Nabelschnur und mütterlichen Frau, deshalb ist sie als Arznei für die Austreibung der Nachgeburt geeignet.

Das Schöllkraut ist eine Medizin gegen die Gelbsucht, dafür sprechen die Form der Blätter und Stängel. Darüber hinaus vermag es auch die Menstruation voranzutreiben. Das zeigt die rote Wurzel an, die einen rötlichen, blutähnlichen Saft absondert, wenn man sie aufschneidet. Gleiches gilt für den Geruch der Blätter. Ihre Wurzel ist ebenfalls ein Pestmittel und hat eine Verbindung zum Herz. Das wird durch die Nebenhöhlen in der Wurzel deutlich, die den Hohlräumen im Herz ähnlich sind.

Der Echte Augentrost dient den Augen, denn sein Bau gleicht dem eines Auges. Die Blutwurz stillt das Blut, denn mit ihrer Art zeigt sie eine Verwandtschaft zum Blut.

Die Judenröcklein, auch Blasenkirschen genannt, liegen in roten Bläschen verwahrt. Sie enthalten kleine Körner. Daraus ersieht man, dass sie eine Beziehung zur Blase und zu Blasensteinen haben. Auch die Hagebutten und die heute nahezu unbekannten Mispeln enthalten besondere kleine Kerne in den Früchten. Bei richtiger Zubereitung verkleinern sie die Blasen- und Nierensteine meisterlich und treiben sie aus, worauf uns ihre Signatur hinweist.

In dieser Art und Weise könnten nun im Einzelnen auch Bäume zusammen mit ihren Hölzern, Wurzeln, Rinden, Früchten und mehr aufgeführt werden. Das Gleiche gilt für Metalle, Steine und dergleichen, was wir hier aber nicht weiter fortführen. Insgesamt ergibt dies jedoch einen so großen Reichtum und Vorrat gegen vielerlei Krankheiten, dass wir keine teure Medizin aus der Fremde benötigen.

Zeichen und Signaturen beim Menschen

Diese Signaturen oder Zeichen können in den Planeten, im Gestirn des Firmaments, in den wilden Tieren des Feldes, in Vögeln, Fischen, Bäumen, Kräutern, Metallen, Steinen und in anderen Dingen ohne Gefahr gefunden werden. Ihr Einfluss, sowie ihre Kraft und Wirkung ist wirklich und wundersam. Sie trifft zu und hält einer Nachprüfung stand. Wie könnten wir deshalb behaupten, diese Zeichen und Signaturen am Menschen seien bedeutungslos und ohne Aussage, ob sie sich nun im Angesicht, in den Händen und an den Füßen abbilden oder sich durch den Verlauf der Adern zeigen?

Der Mensch ist aus dem Schlamm der Erde gemacht, indem er den Makrokosmos harmonisch in sich vereinigt. Darum wird er mit Recht Mikrokosmos genannt. Er kann aber den Makrokosmos begreifen, den Himmel, die Sterne, die Luft, die Erde, das Wasser, die Tiere, die Bäume, die Kräuter und vieles mehr. Daraus folgt, dass der Mensch alles in und an sich haben muss, was in der großen Welt auch an Kreaturen gefunden wird. Deshalb ist der Mensch ein Extrakt von allem: Gelten die Signaturen für den Makrokosmos, so müssen sie auch für den Mikrokosmos, das heißt, für den Menschen und für seine Glieder, gelten.

Der Mensch hat mit allen Geschöpfen des Himmels und der Erde sowie mit den Engeln und mit Gott selbst eine Gemeinsamkeit. Deshalb führe ich hier eine vergleichende Betrachtung durch, die eine kosmografische Beschreibung enthält, wie sich dieses und jenes zum Menschen verhält, wie zum Beispiel: Erde und Wasser geben dem Menschen den Körper, Feuer und Luft das animalische Leben. Diese Feststellung ist philosophischer, medizinischer und nicht theologischer Natur. Das Tier verfügt über die Erkenntnis von Gut und Böse, deshalb hat sie auch der Mensch. Weiter hat es die Farbe von den Sternen, soweit es seine irdische Natur und Art betrifft.

Die Tiere hören, riechen, schmecken und fühlen. Sie denken nach oder verstehen Böses und Gutes. Sie schreien und singen jedes nach seiner Art. Sie sind neidisch, zornig, listig, einfältig, tölpelhaft, wacker, faul, grimmig, zahm, hoffärtig, sanft, diebisch, keusch, unkeusch, üppig und geschwätzig. Sie halten sich rein und unrein, sind geizig, gefräßig, tückisch gegeneinander und streitbar. Sie können Böses und Gutes denken, schlafen, wachen und sich fortpflanzen. Der tierische Anteil des Menschen lebt und verhält sich in der gleichen Art und Weise. Der Apostel Paulus schrieb dazu: »Denn wir sind für Gott ein Wohlgeruch Christi unter denen, die gerettet werden.« (2. Kor. 2.15)

Das engelsgleiche Ebenbild des Menschen kam vom Atem des Lebens, den Gott dem Menschen einblies. Es steht weit über dem Tierischen. Aber das Erstere ging durch den Fall des Adams wieder verloren. Dieser wurde aus dem Paradies vertrieben und verstoßen. Deshalb sind wir so verdorben, dass wir dem tierischen Ebenbild gleichen und vom engelsgleichen Ebenbild sehr wenig an uns haben.

Mit den Kräutern, Bäumen, Metallen und anderen Gewächsen der Erde haben wir Ähnlichkeit was das Wachsen, Zunehmen und Vegetative angeht. Sollte ein vollständiger kosmographischer Vergleich zwischen Mikro- und Makrokosmos durchgeführt werden, würde dies ein dickes Buch ergeben, was natürlich keinem Menschen möglich ist. Dadurch wird deutlich, dass nur ein kindlicher oder grober Verstand die Erklärungen der chiromantischen Signaturen und Zeichen in den Wind schlagen und nichts darauf geben wird. Wem es so gefällt, der halte nichts darauf. Wer sie jedoch durch Überheblichkeit und übertriebenes Geschwätz verurteilen will, der behalte seine Dummheit.

Die Linien der Hände

Daraus ergibt sich das Anliegen dieses Buches: Es handelt nicht von der allgemeinen Chiromancy, sondern nur von den Linien der Hände, deren Herkunft wir hiermit aufgezeigt und bewiesen haben.

Zum besseren Verständnis merke dir dieses: Zu jedem Geschöpf gehört die entsprechende Art und Weise. Wenn die Natur einen Apfelbaum erschafft, gibt sie ihm seine Form und was zur Form gehört. Das Gleiche gilt für alle anderen Bäume und Gewächse. Da der Natur das bei den Bäumen gelingt, kann sie es auch beim Menschen. Wie die Bäume und Kräuter durch ihre Form, die Signaturen und Zeichen voneinander unterschieden werden, kann dies auch beim Menschen durch ihre äußeren Zeichen geschehen. Man braucht viel Erfahrung zum Erkennen der Zeichen, welche die Natur bei den Tieren verwendet, die den Lauf und die Wirkung des Obergestirns, die Planeten und das Firmament betreffen. Die beiden wirken bei den verschiedenen Menschen unterschiedlich stark zusammen.

Bei wem die Hände nicht sonderlich gezeichnet sind, der ist nicht groß oder vielfältig im Gestirn. Das bedeutete: *Je besser und je mehr die Linien, desto größer ist der himmlische Mensch und sind die Gestirne in ihm. Das bedeutet mehr Geschicklichkeit, Künste, Weisheit und so weiter. Derjenige hat in seinem Leben viel zu tun und auszurichten.*

Bei einem sehr gebildeten und erfahrenen Fachmann, der von den Menschen im weiten Umkreis aufgesucht und gebraucht wird, ist es unmöglich, dass sich seine Fähigkeiten nicht in der Handlineatur oder in den menschlichen Signaturen entweder auf dem Jupiter-, Merkurberg oder auf den Bergen der anderen Planeten zeigt. Dasselbe gilt für die tapferen und siegreichen Soldaten sowie für andere, besondere Berufe.

Dazu geben wir auf der Grundlage der Chiromancy ein weiteres Beispiel: Manchmal lässt sich eine Handlinie mit den Formen und dem Bau eines Feigenbaums vergleichen. Aus der Chiromancy heraus kann man sagen, dass die Natur dieses Menschen der des Feigenbaums ähnelt: Sie ist weich, unbeständig, leichtfertig usw. Dazu müssen die Linien der Hand mit den Signaturen und Eigenschaften der Bäume und anderen Gewächsen der Natur verglichen werden.

Wenn die Beurteilung nicht auf diese Art geschieht, kann sie auch auf der Erfahrung oder auf den Gestirnkonstellationen beruhen. Dabei leistet die Erfahrung die größeren Dienste als die Gestirne, welche durch ihre Eindrücke zwar ergänzen, manchmal aber nur in geringem Maße.

In gleicher Art findest du manchmal einen Daumen, wegen

dessen Form und Linien du zu dem Urteil kommst, dass der Mensch zum Beispiel ungeschickt, grob und unvernünftig ist. Weiter könntest du Handlinien finden, welche dem Pfirsich gleichen. Daraus lässt sich schließen, dass dieser Mensch rasch handelt und schnell zornig wird. Dies ähnelt der Art des Pfirsichs, der früh blüht und seine Blüten schnell verliert. Wenn die Person nicht rein ist und auf eine Weise lügt, dass man es nicht leicht verdauen kann, ähnelt das dem harten Pfirsichkern, auf den man nicht beißen kann.

Das genügt zu verstehen: Nicht die Natur formt den Menschen mit seinen Fähigkeiten nach ihren Formen und Gestalten. Die menschlichen Formen entstehen aufgrund der angeborenen Talente, des Herzens und der Neigungen sowie wegen des Schicksals und der Vorherbestimmung. Die Chiromantie erklärt die feine Formgestaltung und die Signaturen.

Über die Chiromantie der Hände gibt es zahlreiche Lehrbücher und Sammlungen, welche die alten und heutigen Gelehrten verfasst haben. Im vorliegenden Buch habe ich aus diesen die besten Inhalte übernommen, sie in der rechten Art geordnet und Neues hinzugefügt, soweit es mir durch meine Sprache und seitherige Erfahrung möglich war.

Sterne und Hände

Damit jeder selbst urteilen kann, zeige ich auf, wie man die Geburtskonstellationen mit den Grundlagen der Chiromantie in Übereinstimmung bringen kann. Es soll gezeigt werden, wie man die Form der Linien in astrologischer Weise interpretiert, wie es vor mir noch nie getan wurde. Wo etwas unsicher ist, zeige ich es an oder weise darauf hin. Erfahrene Menschen, die sich mit der Sache auskennen, mögen dann darüber urteilen. Die Abschätzigen und Böswilligen verunsichern mich nicht.

Wenn die Hände und Linien der vornehmsten Kaiser, Könige und Helden sowie der besten Kaufleute, Spezialisten und Künstler zusammen mit ihrer Entwicklung in dieser Art aufgezeichnet worden wären, was für ein schönes Buch bezüglich des Vergleichs und der Übereinstimmung von Astrologie und Chiromantie hätte dies ergeben?

Könnte ich in die Hände und Horoskope von hundert vornehmen Menschen anschauen, die in ihrem Leben manche Wechselfälle oder manches Bemerkenswerte erlebt haben, würden sich wahrlich bemerkenswerte Beobachtungen in Bezug auf die Gegenwart und die Zukunft ergeben. Nicht umsonst sagt Hiob im 37. Kap.: »Der aller menschlichen Hände gezeichnet hat, auf dass ein jeder weiß, was er tun kann.«

Ein deutscher und ein lateinischer Übersetzer haben diesen Vers zwar anders übersetzt, doch stimmen sie beide wie auch andere nicht miteinander überein, im Gegensatz zu meiner Übersetzung, die dem Hebräischen und der Übersetzung von Hieronymus folgt. Das bedeutet aber nicht, dass das Fundament der Chiromantie nicht ohne diesen Vers existieren könnte, denn es steht jedem frei, den Vers auf seine Weise zu verstehen.

Darüber hinaus muss ich näher auf meine Arbeitsweise und die astrologischen Beispiele eingehen. Für die Berechnung der Venus habe ich die Alfonsinischen Tafeln verwendet. Gleiches gilt für die Planeten Jupiter und die Himmelslichter Sonne und Mond, weil ich durch eigene Beobachtungen festgestellt habe, dass sie die wirklichen Stellungen genauer angeben als die Berechnungen nach den kopernikanischen Tafeln. Den Saturn habe ich immer nach Kopernikus berechnet. Die Stellungen von Mars und Merkur habe ich oft aus dem Mittelwert zwischen beiden berechnet, insbesondere, wenn die Werte beider Tafeln zu weit auseinanderlagen.

Für die Angaben der Planetenstellungen verwende ich Maßschritte von fünf zu fünf Grad, weil ich festgestellt habe, dass die Unterschiede in beiden Tafeln oft nicht nur im Minuten-, sondern im Gradbereich und mehr liegen.

Die Stellungen des Mars habe ich selbst beobachtet und bestimmt und zwar mithilfe der fürstlichen Instrumente in Kassel. Das war nach dem alten Julianischen Kalender am 27., 28. und 29. Januar im Jahre 1587 n. Chr., als der Mars gerade stationär war.[1]

Nach den neuesten Berechnungen befand er sich auf 4° 48' Waage und bei 3° 32' nördlicher Breite in diesem Dreieck berechnet. In den kopernikanischen Ephemeriden findet man den Mars bei 6° 35' Waage, in anderen 6° 00' und bei Leovitius nach Alfonso bei 2° 00' Waage.

Darüber wird bald Tycho de Brahe auf seiner Uraniborg in Dänemark auf der Grundlage seiner vielfältigen Beobachtungen eine Abhandlung herausgeben. Das möge jeder berücksichtigen, welcher der Meinung ist, dass ich bei meinen Beispielen einen Planeten nicht richtig eingetragen hätte.

Teil II
Die Theorie der Chiromantie

Die Chiromantie in Theorie und Praxis

Die Chiromantie ist die Erkenntnis der Linien und Zeichen in den Händen. Sie zu beurteilen ist eine Wissenschaft, die sich in zwei Sachgebiete einteilen lässt: Das erste behandelt die Linien, die Berge oder Hügel, den Handrücken, die Handfläche und den mittleren Bereich der Handfläche. Die Theorie betrachtet auch die fünf Finger und zu welchem Planeten sie gehören. Das andere Gebiet der Chiromantie ist die Praxis. Darauf gehe ich ein, nachdem ich die Theorie behandelt habe.

Kapitel 1: Die Theorie der Chiromantie

A. Von den Linien

Die Linien ähneln Risse oder Rillen, die sich innerhalb der Hand befinden oder die dort hineingesetzt wurden. Fünf davon werden die Hauptlinien genannt.

1. *Die Lebens- oder Herzlinie (Lebenslinie),* die in einem Halbkreis um den Daumenhügel verläuft, ist die erste. Sie beginnt an der Handwurzel, auch Puls genannt.
2. *Die Mittel- oder Leberlinie (Kopflinie)* ist die zweite. Sie beginnt oben an der Lebenslinie und verläuft gerade und mitten durch die Hand, obwohl sie oft in der Handfläche endet. Deshalb ist sie manchmal kurz, etwas gebogen oder auf ihrem Weg unregelmäßig gezeichnet.
3. *Die Linie des Hauptes (Merkurlinie)*[2] heißt die dritte. Sie beginnt unten

an der Lebenslinie und geht zur Mittellinie hinauf. Diese drei Linien ergeben das Dreieck in der Hand. Manchmal läuft diese Linie sogar bis zum kleinen Finger hinauf.

4. *Die Tischlinie, auch Glückslinie (Herzlinie)*, Thoralis oder Linie des Brustkorbs genannt, ist die vierte. Sie beginnt ebenfalls unter dem kleinen Finger und verläuft in ähnlicher Form wie die Mittellinie beinahe bis zum Zeiger. Manchmal läuft sie sogar zwischen dem Zeige- und Mittelfinger oben aus der Hand hinaus, wie wir weiter unten im vierten Beispiel der Praxis sehen werden.
5. *Restricta* heißt die fünfte. Sie trennt die Hand vom Arm in eins, zwei oder mehreren übereinanderliegenden Linien an der Stelle, wo man den Puls misst. Deshalb wird sie auch Trennungslinie Discriminalis und Drachenschwanz Cauda Draconis (absteigender Mondknoten) genannt.

   Diese fünf Linien findet man beinahe in jeder Menschenhand, darum werden sie Hauptlinien genannt. Darüber hinaus gibt es noch fünf weitere Linien. Sie werden Nebenlinien genannt, weil sie nicht in allen Händen erscheinen und gefunden werden können.
6. *Sonnenlinie*, Via Solis, heißt die erste Nebenlinie. Sie verläuft auf dem Sonnenberg, der unter dem Goldfinger liegt. Betrachte dazu in unserer Praxis die Beispiele 1, 2, 3, 6, 9, 10, 14, 16 und 19. Sie verläuft aber nicht bei jedem Beispiel in gleicher Weise.
7. *Linie der Milchstraße*, Via Lactea, heißt die nächste. Man findet sie unten an der Restricta und bei der Linie des Hauptes. Sie geht zur Handkante oder zum Mondberg hinauf. Diese Linie findest du bei den Beispielen 4, 5, 9, 10 und 11.
8. *Die Saturnia* ist die dritte. Sie wird dem Saturn zugeschrieben, steht unten in der Mitte auf der Restricta und geht bis zum Mittelfinger hinauf. Das findest du in den Beispielen 3, 6, 7, 12 und 13. Oft endet sie an der Mittellinie (Kopflinie), wie in den Beispielen 1, 2, 4, 5, 10, 11 und 19 zu sehen ist. Häufig ist sie auch zerstückelt oder nur in der Handmitte zu sehen, wie sie in den Beispielen 9, 14, 15, 16 und 18 zu finden ist.
9. *Die Schnur oder der Gürtel der Venus,* Cingulum Veneris, ist die

nächste. Sie besteht aus einem Halbkreis, der zwischen dem Zeiger und dem Mittelfinger beginnt. Er endet zwischen dem Goldfinger und dem kleinen Finger. Betrachte dazu vor allem das Beispiel 4 und zum Teil 17.

10. *Die Kriegslinie oder Linie des Zorns,* Linea Martis oder Soror Vitalis, heißt die fünfte. Sie zieht sich innerhalb des Venusberges neben der Lebenslinie hinunter. Du findest sie in verschiedenen Beispielen, vor allem in 4, 9, 15, 16. und 17.

B. Von den Hügeln und Bergen der Hand

Die Hügel und Berge sind erhabene Mäuschen unter den Fingern und zwar:

Der erste ist der Venusberg unter dem Daumen. Er hat Venuscharakter ♀.

Der zweite ist der Jupiterberg unter dem Jupiterfinger ♃.

Der dritte liegt unter dem Mittelfinger und hat Saturncharakter ♄.

Der vierte ist der des Goldfingers, der zur Sonne ☉ gehört.

Der fünfte ist der des kleinen Fingers und des Merkurs ☿.

C. Die Handkante oder der Mondberg

Die Handkante, früher Widerschlag genannt, finden wir unten an der Hand angesetzt, wenn wir mit der geschlossenen Faust schlagen. Der ihr zugewiesene Ort liegt zwischen der Restricta und der Tischlinie (Herzlinie): Sie wird dem Mond zugeschrieben und ihr Charakter entspricht Luna oder dem Mond ☾.

D. Die Fläche oder Höhlung in der Hand

Sie bezeichnet die Grube mitten in der Hand und wird dem Planeten Mars zugeschrieben. Darum wird diese Höhlung mit dem Charakter des Mars ♂ gekennzeichnet.

Der Tisch ist der Raum, der ungefähr in der Handmitte zwischen der Mittellinie (Kopflinie) und Tischlinie (Herzlinie) liegt. Weil der Tisch dem Glück zugeschrieben wird, bezeichnet man die Tischlinie auch die Linie des Glücks.

Alle oben genannten Bezeichnungen findet man in der folgenden Figur:

Kapitel 2: Von der Praxis der Chiromantie im Allgemeinen

Am Anfang aller Anwendung der Chiromancy steht das Verstehen der Regeln und der Bedeutungen der Linien sowie der Charakter der Hände, Finger, Hügel und der Planeten. Wir betrachten zweierlei Anwendungen: Die eine bezieht sich auf die Regeln und das Beurteilen im Allgemeinen und ohne Beispiele. Bei der zweiten prüfen wir die Hände verschiedener Beispiele. Zur besseren Bestätigung dieser Wissenschaft, Kunst und Fertigkeit habe ich die Übereinstimmungen mit den Geburtshoroskopen aufgezeigt. In der allgemeinen Anwendung wollen wir dieser Ordnung folgen:

A. Von den Linien
1. Von der Lebenslinie
2. Von der Mittellinie
3. Von der Linie des Hauptes und vom Dreieck
4. Von der Tischlinie
5. Von der Restricta, die unten in der Hand liegt
6. Von der Sonnenlinie Via Solis
7. Von der Milchstraße Via Lactea
8. Von der Saturnlinie
9. Vom Gürtel oder der Schnur der Venus
10. Von der Marslinie

B. Von den Hügeln und Bergen
1. Vom Venusberg oder Venushügel
2. Vom Marssektor in der Hand
3. Vom Jupiterberg
4. Vom Saturnberg
5. Vom Sonnenhügel
6. Von der Handkante oder vom Mondberg
7. Vom Merkurberg

C. Die Höhlung der Hand

D. Vom Handtisch

E. Von den Fingern
1. Vom Daumen
2. Vom Zeigefinger
3. Vom Mittelfinger
4. Vom Gold- oder Herzfinger
5. Vom kleinsten Finger

Zu der Frage, ob man aus der linken oder rechten Hand urteilen soll

Jedem ist bekannt, dass die Linien, Risse und deren Charakter selten in beiden Händen gleich sind. Bisweilen wird entweder in der rechten oder in der linken der Charakter der Linien ebenmäßiger und harmonischer vorgefunden, sowohl bei Frauen als auch bei Männern. Doch bevor wir zur Praxis schreiten, sollten wir uns fragen, ob nur die Linien der rechten oder linken Hand zu betrachten seien oder ob etwa bei Männern aus der rechten und bei Frauen aus der linken Hand zu urteilen sei.

Dazu ist zu bemerken, dass sowohl für Männer wie für Frauen diejenige Hand ausschlaggebend und zu betrachten ist, in der sich die Linien, Risse, Zeichen und Charakteren deutlicher zeigen. Sie ist in der Regel auch die Hand, die er oder sie am meisten zeigt und verwendet. Obgleich die andere Hand dunklere und verborgene Linien enthält, sollte man sie nicht gänzlich unbeachtet lassen. Das gilt umso mehr, wenn die Formen und Gestalten beider Hände übereinstimmen.

Die Ursachen der Ungleichheiten kann ich mir nicht anders als in dieser Weise erklären: Wer in der rechten Hand klarere und deutlichere Linien hat, ist eine *Taggeburt.* Bei ihm wurden einer oder mehrere männliche Planeten, wie Sonne, Saturn, Jupiter, Mars und manchmal auch Merkur, zu Herrschern. Das gilt umso mehr, wenn ein männliches Zeichen im Aufgang gefunden wird, das heißt, wenn der Aszendent in ein männliches Zeichen fällt.[3] Das Gegenteil gilt für die *Nachtgeburt* und wenn eine Person einen oder mehrere weibliche Planeten wie Mond, Venus und manchmal auch Merkur zu Herrschern hat. Das gilt umso mehr, wenn zum Zeitpunkt der Geburt ein weibliches Zeichen aufsteigt, das heißt, wenn der

Aszendent in ein weibliches Zeichen fällt. Diese Menschen haben in der linken Hand scheinbar schönere Linien und Zeichen.

Wo aber die Linien in beiden Händen gleichermaßen klar und regelmäßig gefunden werden, bei denen ist eine Vermischung oder Mixtur zur Geburtszeit in Bezug auf Tag und Nacht und auf die Planeten vorhanden. Das gilt zum Beispiel, wenn jemand nachts geboren wird und Mars oder Jupiter in seinem Horoskop vorherrschen, zusammen mit einem männlichen Aszendenten. Dieser Mensch würde ohne Zweifel in der rechten Hand ansehnlichere Linien haben.

Wenn bei einer Nachtgeburt ein weibliches Zeichen aufginge, das heißt, wenn der Aszendent in ein weibliches Zeichen fiele, und Mars oder Jupiter vorherrschen, würden die Linien in beiden Händen an Klarheit nahezu übereinstimmen.

Weiter mag von nicht geringer Bedeutung sein, ob einer im Gesicht und in Bezug auf seinen Leib dem Vater oder der Mutter ähnlich sieht. Wer mehr seinem Vater ähnelt, zeigt im Allgemeinen in der rechten Hand bessere Linien. – Die vorhergehenden Regeln sind jedoch von größerer Bedeutung.

Kommentar zu Tag- und Nachtgeburten

J. Rothmanns Interpretation der linken und rechten Hand kann man zunächst nur vor dem Hintergrund der traditionellen Astrologie verstehen. Letztere unterscheidet deutlich zwischen einer Tag- und Nachtgeburt. Dabei beachtet sie in einem Geburtshoroskop die Hauptlichter Sonne und Mond in besonderer Weise.

In einem Tageshoroskop befindet sich die Sonne über dem Horizont und der AC/DC-Linie. Bei einem Nachthoroskop steht sie darunter, da die Sonne dann nicht sichtbar ist.

Für die traditionelle Astrologie gilt die Regel, dass bei einer Taggeburt die Sonne das Horoskop und Leben des Menschen dominiert. Bei einer Nachtgeburt ist es der Mond.

Zu den männlichen oder Tagplaneten zählen: Jupiter, Saturn und Sonne[4]. Die weiblichen oder Nachtplaneten sind: Venus[5], Mars und Mond. Merkur ist androgyn, das bedeutet, dass er beides sein kann.

Aus der Aufteilung der Tag- und Nachtplaneten lässt sich die seit dem 16. Jahrhundert überlieferte Zuordnung der Finger und Handzonen zu den Planeten endlich verstehen: Die männlichen oder Tagplaneten Jupiter, Saturn und das Licht Sonne finden wir in der Hand, oben in den Fingern, die weiblichen oder Nachtplaneten Venus, Mars und das Licht Mond liegen in der unbewussteren Handfläche.

Weiter beurteilt die alte Astrologie es als günstig, wenn in einem Taghoroskop die Sonne und Tagplaneten über dem Horizont stehen. Bei Nachtgeburten gilt, dass der Mond und die Nachtplaneten besser darunter stehen sollten. In dieser Stellung entfalten die Planeten ihre volle Wirksamkeit.

Die Rückläufigkeit schwächt einen Planeten erheblich. Gleiches gilt für die Verbrennung, das heißt, wenn ein Planet näher als ca. 8° bei der Sonne steht. Ausgenommen sind davon Planeten, die sich in *Cazimi*, das heißt: im »Herzen der Sonne« und innerhalb von 17 Bogenminuten von der Sonne entfernt befinden. Planeten, die nicht im gleichen Zeichen wie die Sonne stehen, sind davon nicht betroffen. Zur Erinnerung: Für die traditionelle Astrologie gilt, alle Planeten innerhalb eines Zeichens bilden eine Konjunktion, unabhängig von der Größe ihrer Orben.

Kapitel 3: Von den Linien der Hand

1. Regeln der Lebenslinie

1. Wenn die Linie des Lebens oder Herzens ohne Unterbrechung, tief, klar und deutlich sichtbar gezeichnet und dabei ohne Querlinien und Punkte ist sowie wenn die Mittellinie (Kopflinie) damit übereinstimmt, zeigen sie ein langes Leben mit wenig Krankheiten.
2. Wenn diese Linie nicht so lang ist, mit bleicher oder schwärzlicher Farbe gefunden wird und viele Durchschnitte besitzt,

bedeutet dies das Gegenteil. Sie spricht für geringe Leibeskräfte, eine missliche Gesundheit und für ein kürzeres Leben.

3. Wenn diese Linie sich fein an die Mittellinie (Kopflinie) anhängt und sich im Winkel oben ein kleines Kreuz oder kleine Begleitlinien befinden, werden dadurch ein guter Verstand und eine innerlich gefestigte Natur angezeigt.
4. Wenn die Lebenslinie viele kleine, aufsteigende Linien in Form eines kleinen Zweiges nach oben in Richtung Mittellinie aufweist, bedeutet dies Ehre und Reichtum. Betrachte dazu vor allem die Beispiele 8, 10 und 19.
5. Wenn ein solcher Zweig nach unten in Richtung Restricta abfällt, bedeutet dies Armut sowie Untreue und Hinterlist der Angehörigen. Betrachte dazu das Beispiel 9.
6. Wenn verwirrte, feine Linien, die wie Haarbüschel aussehen, diese Linien schneiden, bedeutet dies einen ungesunden und unglücklichen Menschen.
7. Wenn diese Linie in ihrem Lauf unterbrochen ist und an einer Stelle so aussieht, als wäre sie nicht vorhanden, zerteilt oder zerrissen, bedeutet dies eine schwere, tödliche Krankheit oder eine sonstige Gefahr für Leib und Leben. Wenn dieser Habitus oder wenn sich diese Zerteilung unten nicht weit von der Restricta befindet, zeigt sie einen Unfall in der Jugend an. Wenn die Stelle in der Mitte des Halbbogens um den Daumenberg liegt, betrifft dies die besten, die mittleren Jahre und am oberen Ende das Alter.
   Wenn man die Linie in ungefähr 70 Teile unterteilt, kann man mit diesem Maßstab erfahren, in welchem Lebensjahr die Krankheit oder Widerwärtigkeit kommen soll. Wenn ein Schnitt durch die Linie in den 20. Teilstrich fiele, würde das aussagen, dass sich um das 20. Lebensjahr eine zufällige Krankheit einstellt. Das nehmen wir bewusst in unsere Praxis mit auf.
8. Wenn in dieser Linie ein kleiner Kreis gefunden wird, der dem astrologischen Glückspunkt ähnelt, markiert das die Schädigung oder den Verlust eines Auges. Wo zwei dieser Kreise vorgefunden werden, bedeutet das die Blindheit beider Augen.
9. Wenn unter dem Dreieck, das sich aus der Verbindung der

Lebens- und der Mittellinie bildet, eine andere Linie zum Mittelfinger aufsteigt, bedeutet das einen Menschen, der alles Unglück überwindet. Betrachte dazu das Beispiel 15 und das etwas weniger deutliche Beispiel 6. Diese Linie zeigt auch oft anderes Unglück und schwere Krankheit wie die Pest usw. beziehungsweise deren Überwindung an.

10. Wenn aber von einem solchen angezeigten Ort an der Lebenslinie eine Linie direkt zum Goldfinger aufsteigt, bedeutet dies Förderung, Ehre und Reichtum durch eine hochgestellte Frau. Das ersehen wir aus Figur 18.
11. Wenn die Lebenslinie oben breit und stark ist und einen spitzen Winkel bildet, sodass sich ein sehr kleines Dreieck ergibt, zeigt das ein mühsames Leben und Geiz im Alter an.
12. Wenn eine andere Linie die Lebenslinie durchneidet und sich in die Höhlung des Mars hineinzieht, zeigt sie eine Bedrohung durch Räuber sowie durch hitzige Fieber und einen Schlaganfall an. Betrachte dazu die Figuren 5, 14, 15, 16 und 17.

2. Von der Leber- oder Mittellinie (Kopflinie)

1. Wenn die Linie gerade und unzerschnitten gefunden wird, bedeutet sie gute Gesundheit und eine starke Natur.
2. Wenn sie jedoch kurz ist und in der Handfläche endet, zeigt sie Krankheit, eine schwache Natur und ein kurzes Leben an, wie man etwa in der fünften Figur sieht.
3. Je länger die Linie gefunden wird, desto höher ist das zu erwartende Lebensalter. Läuft sie gar durch den Widerschlag, bedeutet sie ein überaus hohes Alter von 80 oder 90 Jahren, vorausgesetzt, die anderen Linien stimmen mit ihrem Wesen und Zustand überein.
4. Wenn die Leber- oder Mittellinie unten am Widerschlag, dem Mondberg, zerschnitten ist, zeigt sie Armut und Schädigung im Alter durch falsche Nahrung an.
5. Wenn jedoch am Beginn der Mittellinie zwischen ihr und der Lebenslinie ein ziemlich großer Abstand besteht, deutet das auf

nicht geringe Probleme mit dem Herzen, wie Ohnmacht, Herzklopfen und Ähnliches, hin.

6. In gleicher Weise zeigt das einen verschwenderischen Menschen an, der das Geld nicht achtet. Insbesondere gilt das, wenn der Tisch sehr breit und weit gefunden wird.
7. Eine ungleichmäßige, krumme Mittellinie, die durchschnitten ist und blass, zeigt eine ungesunde Leber an und Krankheiten, die sie verursacht.
8. Wenn eine solche unregelmäßige Linie unter dem Mittelfinger an die Lebenslinie stößt, das heißt, wenn sie lang mit der Lebenslinie verbunden bleibt und sich erst spät von ihr löst, ergibt sich aus der Lebens-, Mittellinie und der Linie des Hauptes ein enges Dreieck. Es spricht für einen geizigen Menschen.
9. Wenn die Linie jedoch gleichmäßig und fein geformt ist und eine deutliche Farbe zeigt, spricht sie für einen guten Verstand, für Talent, eine sittliche Denkweise und ein freudiges Gemüt.
10. Wenn neben dieser eine beinahe identische Parallellinie einher läuft, soll sie Erbschaften bedeuten. Das ist aber selten der Fall.
11. Wenn in der Mittellinie kleine Punkte oder Körner gefunden werden, zeigen sie die Anzahl von Schlägen auf den Kopf oder gar Totschlag an. Das hat sich bereits ereignet oder wird erst noch stattfinden.
12. Befindet sich in der Mittellinie unterhalb des Mittelfingers ein Kreuz, zeigt dies plötzlichen Tod an.
13. Teilt sich die Linie in Richtung Widerschlag und wird eine Gabel sichtbar, deutet sie auf Heuchelei, Falschheit und böse Absichten hin.
14. Zieht sich die Mittellinie zur Tischlinie hinauf, zeigt sie einen neidischen Menschen an, der sich auf das Lästern und Abwerten anderer Menschen meisterlich versteht.
15. Geht eine rötliche Linie von der Mittellinie aus, verläuft sie zum Daumenballen hin und durchschneidet die Lebenslinie samt der Kriegslinie, die auch parallele Schwester- oder Marslinie genannt wird, ergibt sich ein Unglück durch Räuber oder durch andere listige und gefährliche Nachstellungen.

16. Die Querlinie spricht weiter für eine unnatürliche Hitze der Leber, die vom Mars verursacht wird.
17. Teilt sich die Mittellinie an einer Stelle und erscheint sie so, als wäre sie dennoch vollständig, zeigt sie eine Änderung des Handels und Wandels an. Das bedeutet, dass sich der Genius der Lebensweise grundlegend verändert.
    Wird eine solche Zerteilung unter dem Zeiger gefunden, geschieht die Veränderung in der Jugend. Unter dem Mittelfinger betrifft es die Lebensmitte und unter dem Goldfinger oder kleinen Finger das Alter. – Betrachte dazu unsere Beispiele.

3. Von der Linie des Hauptes (Merkurlinie) und vom Dreieck

1. Wenn diese Linie unten in der Lebenslinie entspringt, unzerteilt und harmonisch in Proportion und Farbe zur Mittellinie hinaufgeht sowie ein geschlossenes, rechtwinkliges Dreieck mit der Lebenslinie und Mittellinie bildet, spricht das für einen verständigen Weisen und glücklichen Menschen. Das finden wir in den Figuren 1, 3, 4, 5, 6, 7, 8, 10, 18 und 19.
2. Je harmonischer die Proportionen und Form des Dreiecks gefunden werden, desto glücklicher und vernünftiger ist das Temperament und Wesen, der Verstand und das Gemüt des Menschen.
3. Ein stumpfwinkliges, unförmiges Dreieck bedeutet Unordnung im Verstand und Betragen.
4. Noch schlimmer ist es, wenn gar kein Dreieck gefunden wird. Dadurch wird ein närrisches Wesen, Verlogenheit, Unbeständigkeit und mehr angezeigt. Auch pflegen diese Menschen nicht lange zu leben.
5. Wenn der obere, an der Lebenslinie liegende Winkel schön und ausgewogen gefunden wird, zeigt er ein gutes Temperament und Herz an. Solches sehen wir in den Figuren 1, 2, 3, 4 und in anderen.
6. Wenn sich der Winkel sehr zuspitzt, sodass er unter dem Mittelfinger an die Lebenslinie stößt, zeigt er einen geizigen und zur Kargheit neigenden Menschen an. Betrachte dazu die Figuren 7 und 15.

7. Das Gleiche gilt, wenn der hintere Winkel an der Mittellinie, der sich in Richtung Widerschlag befindet, rechtwinklig und wohlgeformt ist. Dann unterstreicht er den guten Verstand, das denkerische Talent und gute Gedächtnis. Betrachte dazu nochmals die Figuren 1, 3, 4, 6, 7, 8, 10, 18 und 19.
8. Wenn von der Linie des Hauptes (Merkurlinie) zahlreiche kleine Linien in Richtung Widerschlag, das ist der Mondberg, abgehen oder wenn sich die Linie des Hauptes in diese Richtung zerteilt, bedeutet das bei Männern Gedächtnisschwäche und unglückliche Widerstände bei Reisen zu Wasser. Bei Frauen bedeuten sie Unsicherheit, die Neigung, leicht hinzufallen, und schwere Geburten. Findest du im Linienverlauf das Gegenteil, gilt auch die gegenteilige Aussage.
9. Besonders zu beachten ist bei dieser Linie, wenn eine andere Linie von ihr weg in die Handfläche, in den Bereich des Mars hineinläuft und wenn sich dort ein Stern bildet. Er zeigt Mut, Kühnheit und mehr an. Geht dieser Stern jedoch in Richtung Mondberg hinunter, zeigt er einen diebischen Betrüger an.
10. Wenn die Linie des Hauptes ihren Anfang in der Restricta nimmt, bedeutet sie ein ruhiges und frohes Alter mit Ehre und Weisheit. Betrachte dazu das Beispiel 10 sowie 6, 7 und 8.
11. Zerteilt sich diese Linie am oberen Ende in Richtung des Tisches als zweispitzige Gabel, spricht sie für einen verschlagenen und listigen Menschen bei all seinem Handeln.
12. Wenn an dieser Gabel ein Zeichen gefunden wird, das dem astrologischen Glückspunkt ähnelt, zeigt es Reichtum durch Ehre, Kunst, Weisheit und Geschicklichkeit an.

4. Von der Tischlinie, auch Mensalis oder Thoralis genannt (Herzlinie)

1. Wenn die Tischlinie lang, fein gezeichnet und nicht von kleinen Querlinien oder Brüchen durchzogen ist, bedeutet sie starke und hervorragende Gliedmaßen, besonders die Geschlechtsteile betreffend. Ist sie jedoch kurz, klein, zerstückelt oder zerbrochen, gilt das Gegenteil.

2. Wenn die Linie unter dem Mittelfinger endet, deutet sie auf einen tückischen und verlogenen Menschen.
3. Wenn von ihr über sie hinaus Linien oder kleine Zweige zum Jupiterberg gehen, bedeutet das Ehre, Förderung und Reichtum, wie du im letzten Beispiel sehen kannst.
4. Wenn sie auf dem Jupiterberg alleine und schlecht gezeichnet gefunden wird, zeigt sie Armut an.
5. Wenn sie über den Jupiterberg bis zum Handrand hinaus verläuft, spricht sie für ein reizbares Gemüt und für großen Zorn, wie im Beispiel 4 zu sehen ist.
6. Wenn bei einem Mann von dieser Tischlinie eine Linie zwischen den Zeiger und Mittelfinger hinaufgeht, bedeutet das Kopfwunden und das umso bedeutsamer, wenn sie durchschnitten ist. Betrachte dazu die Figur 14 sowie die 1, 11, 17 und 18. Bei Frauen zeigt sie gefährliche Geburten an.
7. Wenn drei Linien von ihr zur Mittellinie hinuntergehen, eine von der Stelle unter dem Zeiger und Mittelfinger, die andere von der zwischen dem Mittelfinger und Goldfinger und die dritte von der Stelle unter dem Goldfinger und kleinen Finger, zeigt sie viel Ärger und Zank usw. an. Das findet man in der 17. Figur.
8. Wenn von der Tischlinie eine kleine Linie hinaufgeht und zwischen Mittelfinger und Zeiger endet, bedeutet das viel Arbeit, Sorgen und Mühsal. Betrachte dazu die 11. Figur.
9. Das Gleiche gilt, wenn die Tischlinie oben an die Mittellinie (Kopflinie) stößt und mit ihr einen spitzen Winkel oder eine Ecke bildet. Das zeigt große Ausdauer und Sorgfalt an.
10. Wenn in der Hand keine Mittellinie zu finden ist, was selten geschieht, und die Tischlinie stößt dann oben an die Lebenslinie, oder wenn die Mittellinie vorhanden ist und alle drei Linien kommen oben zusammen, wird dadurch angezeigt, dass derjenige eine gefährliche Kopfwunde erleiden, erstochen oder enthauptet wird.
11. Wenn jemand keine Tischlinie in der Hand hat, ist das ein böser und streitsüchtiger Mensch, der unbeständig, ungläubig, argwöhnisch und unglücklich ist.

12. Wenn in der Tischlinie viele kleine und wirre Linien gefunden werden, bedeutet das eine Verletzung, einen Mangel oder Schaden an den Zeugungsorganen.
13. Wenn sich in dieser Linie etliche feine Punkte zeigen, zeigen sie einen unkeuschen Menschen mit einem starken Sexualtrieb an.

5. Von der Restricta, der Linie des Drachenschwanzes, und von anderen Linien, die von ihr aus in die Hand aufsteigen

1. Wenn die Restricta drei- oder vierfach mit guter Farbe, das heißt in kräftigem Rosa, gefunden wird, zeigt sie ein in sich rundes Wesen und eine beständige Gesundheit an.
2. Wenn die erste Restricta, die der Handfläche am nächsten liegt, ohne Brüche in einem durchgezogen und in klarer Farbe vorgefunden wird, bedeutet sie Reichtum.
3. Ist sie aber zerbrochen oder unregelmäßig gezeichnet, bedeutet sie schwache Leibeskräfte und Armut.
4. Erscheint ein Kreuz oder ein Stern über der ersten, obersten Restricta, ist das ein Zeichen für ein ruhiges Alter.
5. Werden an dieser Linie am Venusberg unten ein oder zwei Sterne gefunden, bedeuten sie Widerwärtigkeiten und Unglück, das von Frauen herrührt.
6. Gleiches gilt für eine Linie, die von der Restricta zum Venusberg hinaufgeht. Sie bedeutet Widerwärtigkeiten, die von Blutsverwandten oder Ehegatten ausgehen. Betrachte dazu Beispiel 8.
7. Wenn eine Linie mitten in der Restricta beginnt und zum Mondberg aufsteigt, bedeutet das eine große Widerwärtigkeit oder eine heimliche Feindschaft. Ist diese Linie krumm oder schlecht gezeichnet, verstärkt sie die Widerstände in hohem Maße.
8. Wenn die aufsteigende Linie sich jedoch klar und ohne Unterbrechungen zum Mondberg und zur Mittellinie erhebt, zeigt sie viele Reisen zu Wasser und zu Lande an.
9 Wenn eine solche gut gezeichnete Linie zum Jupiterberg und zum Zeiger aufsteigt, soll der betreffende Mensch außerhalb seines Vaterlandes zu Ehren und Reichtum kommen.

10. Das Gleiche gilt für eine Aufstiegslinie von der Restricta, die bis zur Mittellinie (Kopflinie) hinaufgeht. Sie gehört zu einem sittlichen und verständigen Menschen, der ein gutes Alter erreichen soll, wie du im ersten, zweiten und letzten Beispiel findest.
11. Wenn eine solche Linie bis zum Saturnberg und Mittelfinger hinaufgeht, bedeutet sie Glück im Feldbau und in anderen Dingen, die dem Saturn unterstehen und von denen später berichtet wird. Darüber hinaus zeigt sie einen genügsamen, konzentrierten und genauen Menschen an, der außerdem etwas geizig, hart, arbeitsam und fleißig ist. Prüfe dazu die Beispiele 3, 12 und 13.
12. Wenn eine solche Linie von der Restricta bis zum Goldfinger hinaufgeht, bedeutet sie unbeabsichtigterweise Ehre, Förderung, Gunst und Einfluss.
13. Wenn sich eine Linie, die man Milchstraße oder Via Lactea nennt, neben der Linie des Hauptes (Merkurlinie) zum kleinen Finger und zum Merkurberg hinaufschwingt, bedeutet dies große Geschicklichkeit in allen Dingen. Wenn sie jedoch mitten in der Hand zerstückelt in Richtung des kleinen Fingers endet, zeigt sie einen Schwätzer, Ohrenbläser und Lügner an.

6. Von der Linie oder Straße der Sonne

Wenn die Sonnenlinie gleichmäßig, vollständig und unzerschnitten gefunden wird, dazu eine rechte Form und Farbe besitzt, und wenn zusätzlich noch eine andere neben ihr steht wie im 2. und 19. Beispiel, bedeutet sie große Gunst, Ehre, Ansehen und Förderung durch Potentaten und hohe Häupter.

Wenn sie jedoch zerbrochen, zerschnitten und ungleich gezeichnet ist, zeigt sie eine starke Zurückweisung durch höher gestellte Personen sowie heimlichen Hass und Neid vonseiten anderer an. Betrachte dazu das 3., 16. und 17. Beispiel.

Ähnliches gilt, wenn diese Linie nicht vorhanden ist. Dies zeigt dieselben Erfahrungen an oder dass der Handeigner wenig Anerkennung erfährt. Um das jedoch richtig beurteilen zu können, muss dazu der jeweilige Zustand der anderen Planeten betrachtet werden, vor allem, wie er sich durch den Jupiter- und Venusberg ausdrückt.

7. Von der Milchstraße, auch Via Lactea genannt

Wenn die Milchstraße ganz und in guten Proportionen gefunden wird, zeigt sie glückliche Reisen zu Wasser und zu Lande an. Gleiches gilt für die Gesundheit des Hauptes und für die Zuneigung durch Frauen, insbesondere, wenn sich der Einfluss des Venusberges mit ihr verbindet. Außerdem spricht sie für Beredsamkeit, wie wir aus den Beispielen 4, 8, 9, 10 und 15 ersehen. Wenn sie jedoch zerstückelt oder zerschnitten ist, bedeutet sie das Gegenteil.

Führt diese Linie bis zum kleinen Finger hinauf, deutet das auf einen sehr glücklichen Menschen hin.

8. Von der Linie des Glücks oder Saturnia genannt

1. Wie bereits beschrieben, bedeutet die Saturnlinie, wenn sie bis an die Mittellinie gezogen ist, einen sittlichen und ehrbaren Menschen. Wir fügen hier hinzu, dass sie tiefe und sinnreiche Gedanken anzeigt sowie einen ziemlich guten Ausgang bei Unternehmungen und im Tun.
2. Wenn die Linie nicht vorhanden ist, zeigt das viel Unglück und Widerwärtigkeiten an, insbesondere, wenn dies andere Linien bekräftigen. Gleiches gilt, wenn sie zerbrochen ist oder nur stückweise erscheint. Das sehen wir bei den Beispielen 9, 14, 15, 16, 17 und 18.
3. Wenn sie vom Mittelfinger in die Handmitte herunterläuft und sich gegen den Mondberg hin stark krümmt, bedeutet sie Gefängnis. Betrachte dazu das Beispiel 16.
4. Wenn eine Linie von der Lebenslinie bis zum Mittelfinger hinaufsteigt und auf dem Saturnberg die Saturnlinie durchschneidet, bedeutet sie ebenfalls Gefängnis.

9. Vom Venusgürtel

1. Wo dieser Halbkreis erscheint, zeigt er als Cingulus oder Venusgürtel einen sehr unkeuschen Menschen mit einer Neigung zu schmutzigen sexuellen Verbindungen an, sei es nun zu Männern oder Frauen. Ein doppelter Venusgürtel zeigt wenig Scheu vor größeren sexuellen Ausschweifungen.
2. Wenn der Gürtel von anderen Linien durchschnitten wird, insbesondere unter dem Mittelfinger, sind deswegen Schande und Schmach zu erwarten. Betrachte dazu das vierte Beispiel.

10. Von der Kriegslinie oder Marslinie, auch Schwesterlinie der Lebenslinie genannt

Wo diese Linie gefunden wird und klar erscheint, verstärkt sie die Bedeutung der Lebenslinie. Sie spricht für Mut, Kühnheit und männliche Stärke. Außerdem zeigt sie an, dass dem Kämpfer das Glück beisteht. Ist die Linie jedoch kurz und unförmig, bedeutet das einen jähzornigen Menschen, der böse und heftig aufbrausen kann und dann beinahe nicht mehr weiß, was er vor Zorn alles tut.

11. Zwei wichtige Regeln zu den Linien

Bei jeder Linie sollte jeder zuerst die Länge, Breite und Tiefe betrachten, dazu die Farbe und Gestalt, ob sie rot, bleich oder schwarz ist, ob sie gerade gezogen oder krumm ist. Darüber hinaus betrachte, ob sie andere Linien berührt, durchschneidet oder ob sie selbst von anderen durchschnitten oder berührt wird. Berücksichtige dabei, wo und an welcher Stelle das in der Hand geschieht.

Zum anderen ist deutlich, dass selbst die besten Linien nicht immer die gleiche Gestalt, Farbe und Breite haben. In einem Jahr sind sie rot, breit und kräftig, während sie in einem anderen Jahr bleich, klein und unscheinbar erscheinen. Darüber hinaus findet man bei den Nebenlinien häufig, dass sie manchmal sogar verlöschen und verschwinden. Manchmal erscheinen an derselben Stelle andere

Linien, die eine andere Gestalt, Form und Farbe haben. Darauf sollte man gut achten. Daher kann niemand aus diesen Linien auf das Jahr genau urteilen, welche Bedeutung sie hatten oder noch mit sich bringen werden.

Zu den Ursachen der Veränderungen betrachte die astrologischen Direktionen oder Progressionen des astrologischen Herrschers der jeweiligen Linien.

Vergleiche sie danach, je nachdem, ob sie gut, minderwertig oder neutral sind, mit dem entsprechenden und darauffolgenden Jahr. Wie sie sich in der Geburtsfigur eines jeden bewegen, so zeigt es sich auch in den Linien, und zwar durch ihre Erscheinung, Gestalt, Form, Farbe und Klarheit. Das sei aufmerksam beachtet.

Wie kaum ein anderer Astrologe habe ich insbesondere die Veränderungen der Nebenlinien häufig und genau beobachtet. Dabei habe ich festgestellt, dass sich manche sehr häufig und andere niemals verändert haben.

Wie die Lebenslinie mit ihren Querlinien und Durchschnitten mit den Direktionen übereinstimmt, findest du in unserem Praxisteil angezeigt. Ich habe das häufig auch an anderen Personen nachgeprüft. Meine zeitlichen Aussagen waren oft zutreffend und lagen meist kaum ein Jahr zu früh oder zu spät. Das betraf zum Beispiel die Vorhersagen von Krankheiten, was vielen seltsam und verwunderlich vorkam. Alle die kleinen Querlinien vollständig zu erklären, ist wohl keinem Menschen möglich, denn Kunst und Wissenschaft können in einem Leben niemals alle Einzelheiten vollständig erfassen.

Wie nun der Mensch, ich rede vom vergänglichen, animalischen Wesensanteil des Menschen, wie er vom Apostel Paulus im Röm. 7 und Kor. 2 beschrieben wird, dem Himmel unterworfen sei, kann hier nicht ausführlich genug beschrieben werden. Lies dazu andere Schriften, die das Thema auch in deutscher Sprache ausführlich erörtern.

Kapitel 4:
Von den Planeten, Hügeln und Bergen der Hand

1. Von den Planeten

Die Planeten geben an den ihnen zugeschriebenen Stellen in der Hand, die wir Berge, Schwellungen und Hügel nennen, nicht geringe Hinweise, sowohl zum Guten wie zum Leid. Dabei gilt: Wenn ein Planet günstig und glücklich steht, lässt er dem Menschen Gutes zukommen. Wenn er jedoch in einer unglücklichen und ungünstigen Stellung gefunden wird, bringt er Unglück und Leid.

Du sollst dir aber einprägen, dass ein Planet bei einem Menschen seinem Wesen nach glücklich und gut steht, wenn er an dem ihm zugedachten Ort oder Berg zierliche, wohlgeformte und wohlproportionierte Linien, Zeichen oder Figuren zeigt. Diese sind: Kreuze, Sterne und zwei oder drei gerade Parallellinien. Zu ihnen gehören auch Figuren wie die einer Leiter, eines kleinen Zweiges, Quadrate und das Symbol des Jupiters ♃.

Im Gegensatz dazu befindet sich ein Planet in einer unglücklichen Stellung, wenn an dem entsprechenden Ort und Hügel grobe und unproportionierte Linien oder Zeichen gefunden werden. Zu ihnen gehören zerbrochene Halbkreise, durchschnittene oder durchgestrichene Linien in Form eines Gitters oder Haarbüschels und die Signatur des Saturn ♄. Das alles sollte man bei den Linien wohl beachten.

2. Die Venus und der Venusberg

Der Planet Venus steht gut und in einem glücklichen Wesen, wenn auf dem Venusberg feine rote und klare Striche oder Linien beobachtet werden und wenn sie kreuzweise durcheinander verlaufen, insbesondere, wenn ein Stern auf dem Venusberg zu sehen ist oder wenn der Venusberg sehr hoch und erhaben ist. Das findest du in den Figuren: 2, 3, 8, 9, 10, 11, 13, 16, 17 und 19. In den anderen Beispielen steht der Planet Venus in einem normalen Stand.

Wenn man diesen Planeten in guter Stellung findet, ist der

Mensch beweglich, angenehm, fröhlich und freundlich. Er ist gerecht, achtet auf seine Kleidung, auf sein Essen und Trinken. Er ist üppig und gesellig, macht sich leicht mit anderen bekannt oder freundet sich mit ihnen an. Dieser Mensch trennt sich nicht vorschnell von jemand und gibt Freundschaften nicht ohne Weiteres auf. Er ist gesprächig und debattiert gerne.

Der Leib des Menschen ist von langer Gestalt. Er besitzt schöne, glänzende, klare und graue Augen. Sein Haar ist weich und kraus. Das Haupt hat vorne häufig eine Platte, die oft von einem Jupitereinfluss herrührt. Insgesamt ist das Gemüt edel, anständig und hält alles sauber und rein. Es erfreut sich an schönen und stilvollen Dingen wie Gemälden, Musik und an ästhetischer Gartengestaltung. Die gut gestellte Venus hat großes Interesse an Sex und lässt sich gerne auf Liebschaften ein.

Wird die Venus in ungünstiger Stellung gefunden, neigt sie zur bäuerlichen Üppigkeit, zu tölpelhaftem Betragen, Reden und Sich-Gebärden sowie zu Unkeuschheit, groben Reden und unflätigem Sich-zur-Schau-Stellen.

Vor allem, wenn am unteren Gelenk des Daumens, das dem Venusberg am nächsten liegt, ein Kreuz gefunden wird, bedeutet das einen ehebrecherischen Menschen, dem durch Frauen ein Unglück oder Unfall zustoßen soll. Wenn der Venusberg glatt und nicht sonderlich erhaben ist und darauf keine kleinen Linien oder Zeichen zu sehen sind, handelt es sich um einen bäuerlich-groben Menschen, der wenig Gemütsregungen zeigt und nur alle zehn Jahre einmal lacht und fröhlich ist.

3. Der Mars und Marsberg

Der Mars steht gut und glücklich, wenn eine Mars- oder Schwesterlinie, auch Kriegslinie genannt, zur Lebenslinie klar und schön gezeichnet gefunden wird. Neben anderen sehen wir das im 17. Beispiel. Das Gleiche gilt, wenn in der Höhlung des Mars, das heißt, in der Mitte der Handfläche, ein oder zwei Sterne oder ein zierliches Kreuz zu finden sind. Durch diese Zeichnungen zeigt der Planet

Mars einen kühnen, beherzten und unerschrockenen Menschen an, der leicht in Zorn gerät, aber auch viel arbeitet und erreicht. Er ist stark und aufrecht, hat dunkle Augen, zum Teil mit roten Pünktchen, und schaut manchmal grimmig drein. Zuweilen hat er rote Haare, insbesondere am Bart.

Der Mars herrscht mit dem Jupiter zusammen über die Galle, die Nieren, den Rücken und die Leber. Zusammen mit der Venus herrscht er über die Scham und Zeugungsorgane.

Der schlecht gestellte Mars zeigt einen zänkischen und widerspenstigen Menschen an, der niemandem dienen will. Er ist bissig, zornig, betrügerisch, räuberisch und scheut nicht das Blutvergießen. Das gilt besonders, wenn ihn nicht die Venus oder der Jupiter leiten. Zum Planeten Mars gehören und sind ihm untertan die Menschen, deren Tätigkeiten mit dem Feuer zu tun haben und die sich davon ernähren. Das sind die Eisen-, Stahl- und Kupferschmiede sowie alle, deren Arbeit mit Eisen zu tun hat.

Die Kinder des Mars sind selten ihren Frauen, Kindern und Freunden treu. Die Krankheiten, die von diesem Planeten kommen, sind hitziges Fieber und Wunden, insbesondere am Haupt und unteren Gesicht. Auch der Schlaganfall, die Gicht, die Geisteskrankheiten mit akutem Fieber, die Wundrose und Ähnliches gehören dazu.

Wenn in der Höhlung des Mars eine krumme und schlecht gezeichnete Linie gefunden wird, wie du sie in den Beispielen 18 und 9 erkennst, bedeutet sie eine Neigung zu gefährlichem Fallen von Treppen, Dachböden, Pferden, Wagen. Wenn eine tiefe Linie aus der Höhlung des Mars zum Saturnberg hinaufgeht, zeigt sie einen Kerker- oder Gefängnisaufenthalt an. Das erscheint uns in den Beispielen 15 und 16.

Wenn jedoch eine lange Linie aus der Höhlung des Mars in Richtung Restricta hinuntergeht, die unten auf dem Mondberg oder an der Handkante endet, spricht sie für vielerlei Reisen ein Leben lang. Sie besagt außerdem, dass der Handeigner sein Leben nicht in seinem Vaterland zubringen werde. Das bedenke wohl, denn diese Erwartung trügt selten.

4. Der Jupiter und Jupiterberg

Dieser Planet ist in einem glücklichen Wesen und Stand, wenn auf seinem Berg unter dem Jupiterfinger klare Zeichen und Figuren erscheinen, als da sind: ein oder zwei Sterne, zwei oder drei Parallellinien, ein ♃-Symbol oder ein Quadrat. Betrachte in Bezug auf den Jupiter die Figuren 1, 2, 3, 4, 6, 8, 9, und 10.

In einer solchen Stellung bedeutet der Jupiter ehrbare, tapfere, gütige, ansehnliche, fröhliche, verdienstvolle und pflichteifrige Menschen. Sie achten das Gesetz, verehren die Gerechtigkeit, haben ganz allgemein Glück sowie eine feine und schöne Gestalt mit glänzenden Augen und weichem Haar. Bei ihren Tätigkeiten und in ihrer Handlungsweise sind sie ernsthaft bei der Sache und was sie versprechen, halten sie. Darum werden sie in große Ehren und Würden erhoben, weshalb sie Freundschaft und Förderung durch bedeutsame Menschen erlangen. Ihren Frauen, Kindern, Freunden und anderen ehrenvollen Menschen sind sie treu und tun ihnen das Liebste und Beste. Am menschlichen Leib unterstehen dem Jupiter die Leber, die Rippen und Lunge, das Geblüt und die Knorpel.

Ein Jupiter in schlechter Stellung ergibt einen Heuchler, der, wie oben ausführlich beschrieben, für würdig und ehrenvoll gehalten werden will, es auch vorspielt, der es aber nicht ist, weil nichts dahintersteckt. In solchen Stellungen kann der Jupiter einen plötzlichen Gehirnschlag, schwere Lungenentzündungen, Krämpfe und Ähnliches mit sich bringen.

Erscheint ein Gitter auf dem Jupiterberg, bedeutet dies Schaden und auch Hindernisse durch sehr angesehene oder hoch stehende Frauen.

Wenn eine Linie den Berg überquert, die unter dem Mittelfinger bis zum Saturnberg hinunter geht und in verwirrte Linien wie bei einem Haarbüschel ausläuft, bedeutet sie Schlaganfall.

Werden auf dem Jupiterberg ein oder zwei Sterne oder Kreuze deutlich und klar sichtbar, bedeuten sie hohe Würden, großes Ansehen und Auszeichnungen, Reichtum und glänzenden Ruhm.

Einmal habe ich in der Hand einer Frau auf dem Jupiterberg die

Figur eines Quadrats oder Rombus' gesehen, von der aus eine Linie oben in Richtung nach auswärts aus der Hand verlief. Sie war von einem Donnerschlag getroffen worden und vom Strahl so niedergefallen, als wäre sie tot. Der Donnerstein oder Meteorit lag kaum eine Elle von ihr weg.

5. Der Saturn und Saturnberg

Der Saturn ist in einem glücklichen Wesen und Stand, wenn die Linie, die Saturnia genannt wird, gerade und klar durch die Hand bis an den Mittelfinger aufsteigt, wie du in den Beispielen 3, 6, 7, 12 und 13 findest. Gleiches gilt für Parallellinien und kleinere Linien, wie sie im letzten Beispiel erscheinen.

Auf diese Weise macht Saturn arbeitsame, verschwiegene, vorsichtige und nachdenkliche Menschen. Sie sind bescheiden, haben immer tiefe Gedanken, lachen selten, sind innerlich aber dennoch stolz, manchmal überheblich und streben heimlicherweise nach Ehren. Ihre Leibesgestalt ist dürr, lang und bleich mit schwarzen Haaren und tiefen Augen. Ihnen liegt der Acker- und Bergbau, bei denen sie auch Glück haben. Mit Frauen wissen sie nicht recht umzugehen und im Scherzen sind sie ungeschickt. Um das Haushalten und um ihre Finanzen sorgen sie sich oft mehr als nötig.

Der Saturn hat am Menschen eine Beziehung zur Blase, Milz und zu den Knochen.

In schlechter Stellung gibt der Saturn traurige, arbeitsame, sich sehr stark einschränkende und geizige Menschen. Darüber hinaus sind sie untreu, bissig, verlogen und verstört. Deshalb sind sie sehr unglücklich und müssen viel Leid aushalten. Auf diese Weise bringt dieser Planet schwere Krankheiten mit sich, wie Melancholie, Hypochondrie, Milzsucht, Quartan-Fieber, das man auch Hecticam-Fieber nennt. Zu ihnen zählen häufige Katarrhe, Schwindsucht, Wassersucht, Gicht, Epilepsie und andere.

Der Saturn bewirkt Gefängnisaufenthalte, Gefahren zu Wasser, Stürze und Fallen von oben herab (der Wassermann-Saturn) sowie Bein- und Armbrüche, die davon herrühren.

Wenn eine Linie zwischen dem Zeige- und Mittelfinger von oben bis unter den Saturnberg hinabgeht und von einer anderen Linie geschnitten wird, bedeutet sie gefährliches Fallen und Wunden am Haupt usw. Betrachte dazu die 1., 10. und 14. Figur.

6. Die Sonne und der Sonnenberg

In einer glücklichen Stellung ist sie ein Zeichen für tapfere, schöne, ehrliche und glaubwürdige Menschen mit hohem Ansehen. Sie sind verständig, besonnen, weise und haben ein edles Gemüt. Ihr Wesen ähnelt demjenigen, das weiter vorne über den Jupiter beschrieben wurde. Diese Menschen haben eine wohlproportionierte Leibesgestalt, blondes Haar und glänzende Augen. Die Sonne herrscht im Menschen besonders über das Herz, die Herznerven und Herzscheidewände.

Wenn die Sonne in unglücklicher Stellung gefunden wird, ergibt sie einen eingebildeten und überheblichen Menschen, der mit unredlichen Mitteln nach Ansehen strebt, der ruhmsüchtig und eigensinnig ist und mit dem schwer zu reden ist. Als wichtige Krankheiten gibt dieser Planet Herzrhythmusstörungen, Herzklopfen und Herzflackern, Augenleiden oder auch Verlust der Sehfähigkeit. Von der Sonnenlinie wurde schon weiter oben berichtet.

7. Der Mond und Mondberg

In glücklicher Stellung gibt er ehrbare und angesehene Menschen von großer und wohlproportionierter, weißlicher und zierlicher Leibesgestalt. Sie sind friedlich, achten die Sitten, reisen gerne, wohnen gerne am Wasser und an Bächen.

Wenn der Jupiter, die Venus und der Merkur in keinen Würden neben dem Mond stehen, bringt er im Leben große Unbeständigkeit, Veränderungen im Handeln, in den Absichten und durch Ereignisse mit sich, die aber meist ein gutes Ende nehmen. Der Mond herrscht im Menschen vor allem über das Gehirn, den Magen, die Brust und den Bauch.

Wenn der Mond in schlechter Stellung gefunden wird, bringt er große Unbeständigkeit und großes Unglück gesundheitlich und in allen Absichten mit sich. Er erregt Lähmungen, Zittern in den Gliedern, manchmal Epilepsie, Krebs, Flecken am Leib (Muttermale?) und andere Krankheiten, die von großer Kälte und Feuchtigkeit sowie von starkem Frost herrühren. Wenn auf dem Mondberg oder außen an der Handkante bleiche oder schwarze Linien gesehen werden, verstärken sie die Neigung zu den genannten Leiden.

Sind die Linien an dieser Stelle jedoch schön geformt und fein gezeichnet, bedeutet das bei Männern Glück in fremden Ländern, auf Reisen, bei Gesandtschaften und so weiter. Bei Frauen zeigen sie Fruchtbarkeit an und bedeuten glückliche Umstände bei Geburten.

8. Der Merkur und Merkurberg

Wenn dieser Planet in guter Stellung steht, bedeutet er einen tiefsinnigen und klugen Gelehrten, der wortgewandt, verständig, geschickt, verschlagen und lerneifrig ist. Er ist für alle Künste geeignet: als Redner, Poet, Kunstmaler, Astronom, für die Geometrie und Arithmetik. Weiter ergibt dieser Planet auch geschickte Kaufleute. Im menschlichen Leib regiert er die Zunge, das Gedächtnis und den Verstand.

Wenn der Merkur in schlechter oder geschwächter Stellung steht, spricht er für leichtfertige, unbeständige, untreue, verlogene, schwatzhafte, diebische und verräterische Eigenschaften. In Verbindung mit Mars und Saturn bringt er dann plötzliches, rasendes Fieber und geistige Verwirrung mit sich. Damit sei genug von dem Planeten berichtet.

Es kommt sehr selten vor, dass nur einem einzigen Planeten die Alleinherrschaft zufällt. Oft machen auch noch andere ihre Einflüsse geltend. Deshalb sollte man bei der Deutung vorsichtig vorgehen, die gegenseitigen Einflüsse gut erforschen und sie miteinander verbinden. Die Synthese und Vereinigung der Wirkungen der Gestirne sind vielfältig, weshalb sie viel Erfahrung, Übung und Fleiß erfordern, wenn man sie richtig deuten will.

Sichere Hinweise darauf ergeben sich aus klaren, starken, deutlichen und roten Linien. Kleine, unscheinbare und kaum sichtbare Linien sind von geringer Bedeutung.

9. Vom Handtisch

Wenn der Tisch in der Hand gut geformt, breit und weit erscheint, zeigt er einen glücklichen, freigiebigen, mutigen und entschlossenen Menschen an, der deshalb umso länger leben wird.

Ist der Tisch dagegen klein, eng und unförmig, zeigt er ein unbeständiges Glück an sowie einen ärmlichen und furchtsamen Menschen, der einen geringen geistigen Horizont besitzt.

Wenn in der Tischfläche ein wohlproportioniertes Kreuz oder das Symbol des Jupiter gefunden wird, insbesondere, wenn es in Richtung des Goldfingers liegt, zeigt es bei Herrschern und hoch gestellten Persönlichkeiten große Ehre und Würde an. Das Jupiterzeichen gibt vor allem großen geistlichen Würdenträgern Ansehen und Würden. Das alles wird besonders kräftig angedeutet und bestätigt, wenn an diesem Ort dreifache Kreuze oder Sterne erscheinen.

Im Gegensatz dazu zeigen verwirrte Linien, Striche und andere unschöne Zeichen eine Verdunkelung des Glücks an. Sie stehen für viel Mühe und Leid sowie für eine Abnahme an Ehre und Macht oder sogar für den Verlust von entsprechenden Ämtern.

Kapitel 5: Von den Fingern

1. Vom Daumen

1. Wenn am Daumen oben auf dem Nagelglied kleine Linien sind, bedeuten sie Ehre und Reichtum.
2. Wenn vom unteren Daumengelenk am Daumenansatz auf dem Winkel oben, der den Fingern zu liegt, eine klare Linie quer durch den Daumenberg zur Lebenslinie hin läuft und sie durchschneidet, wie es im Beispiel 8 der Fall ist, soll sie einen

plötzlichen Tod anzeigen. Es wird auch häufig gesagt, dass der Mensch an seinem Hochzeitstag stirbt. Manche Autoren schreiben jedoch, dass eine solche Linie Inzest anzeige, was ich für wahrscheinlicher halte, weil sie seine Ehe und das Venusische betrifft und weil dieser Hügel der Venus zugeschrieben wird.

3. Wenn in der Mitte zwischen den beiden Daumengelenken eine Linie rings um den Daumen geht, wie ein Daumenring, zeigt sie ihm an, dass er gehenkt werden soll.
4. Gleiche, parallele und gerade Linien am unteren Daumenglied, die auf am Venusberg unten nach außen gehen, wie wir besonders im 1. und 9. Beispiel sehen, bedeuten Reichtum durch Frauen.
5. Wenn der Venusberg und das mittlere Daumenglied jedoch keine Linien oder Zeichen haben, zeigen sie einen faulen und schläfrigen Menschen an.

2. Vom Zeigefinger

1. Wenn im obersten Fingerglied des Zeigers drei oder vier Linien quer nebeneinander gefunden werden, bedeuten sie Erbschaften.
2. Im mittleren Fingerglied zeigen solche Linien einen neidischen und boshaften Menschen an.
3. Gerade Linien im mittleren Fingerglied, die scheinbar aufwärtsgezogen sind, bedeuten bei Frauen Fruchtbarkeit, bei Männern jedoch einen Spötter.
4. Solche Linien im untersten Fingerglied Richtung Jupiterberg zeigen einen jovialen, jupiterhaften Menschen an, dem der Jupiter beisteht: Was du daraus schließen kannst, findest du im Kapitel über den Jupiter.
5. Wenn eine Frau im mittleren Fingerglied einen Stern hat, spricht er für ihre Geilheit und Üppigkeit.

3. Vom Mittelfinger

1. Wenn an diesem Finger Linien oder Risse wie ein Rost durcheinandergehen, bedeuten sie einen melancholischen und ungeschickten Menschen.
2. Wenn aber feine und gerade Linien an diesem Finger gefunden werden, zeigen sie Glück in Bergwerken an.
3. Steht an dieser Stelle ein Stern, droht er mit Tod durch Wassergefahr, Gift, Fallen von oben herunter und dergleichen, wie oben über den Saturn beschrieben wurde.
4. Wenn eine ziemlich starke Linie durch die gesamte Länge des Fingers von unten bis ganz oben zu sehen ist, bedeutet sie Wahnwitz und einen groben, einfältig und unbeholfen denkenden Menschen.

4. Vom Gold- oder Herzfinger

1. Wenn in diesem Finger eine klar sichtbare, schöne Linie von unten direkt durch alle Fingerglieder bis an das oberste hinaufstreicht, zeigt sie an, dass dieser Mensch eine große Bekanntheit und einen heldenhaften Namen in vielen Ländern hat oder haben wird.
2. Feine und gerade Linien im untersten Fingerglied bedeuten Reichtum und Ehre.
3. Demgegenüber bedeuten Querlinien an dieser Stelle die Ungunst einflussreicher Herren. Wenn diese Linien von anderen durchstrichen werden, schwächen sich diese Einflüsse ab.

5. Vom kleinsten Finger

1. Ein Stern im untersten Fingerglied nahe dem Merkurberg zeigt ein gutes kommunikatives und geschicktes Talent an.
2. Findest du jedoch unfeine Linien, Figuren oder Zeichen an diesem Ort sowie auch im anderen Fingerglied, deutet das auf einen Lügner, Dieb, Betrüger usw.

3. Durchschnittene Längslinien im obersten Fingerglied zeigen große Vielfalt und List sowie geschicktes und wendiges Handeln an.
4. Etliche Menschen schließen aus den kleinen Linien, die am Merkurberg auswärts der Hand stehen, wie viele Frauen ein Mann und gegenüber wie vielen Männer eine Frau eine intensive Empfindung haben soll. Das trifft oft zu, geht aber auch oft fehl. Darum will ich in diesem Fall niemand etwas vorschreiben.
5. Manchmal geht von der Linie des Hauptes (Merkurlinie) eine Linie direkt zum kleinen Finger hinauf in einer Weise, als wollte sie ihn in einem Halbkreis oder Ring umfangen. Wenn dies gefunden wird, sollst du das als ein Zeichen deuten, dass derjenige in seinem Beruf etwas Sonderliches praktizieren wird.
6. Zuletzt sagen einige, dass derjenige, bei dem der kleine Finger so kurz ist, dass er das oberste Beugegelenk des Goldfingers durch seine Länge oder Spitze nicht erreicht, in seiner Ehe von herrschsüchtigen Gefühlen ergriffen wird. Das ist in den Beispielen 4 und 17 zu sehen, außerdem finden wir das im 9. Beispiel unserer Praxis, die wir jetzt besprechen wollen.

Teil III
Praxis der Chiromantie

Damit wir die Theorie und Praxis ausführlich genug behandeln, wollen wir sie nun im Einzelnen praktisch anwenden. Auf diese Weise kann sich jeder Laie darüber erkundigen. Damit sie niemand für ungewiss und zweifelhaft halte, habe ich zu allen abgebildeten Händen und Beispielen das astrologische Geburtshoroskop erarbeitet und mit abgebildet. Dadurch können jeweils beide Deutungen und Beurteilungen miteinander angeschaut und erwogen werden, ob und wie sie übereinstimmen oder eintreffen.

Deshalb wird jeder sehen und verstehen können, dass die Linien der Hände nicht als irgendwelche Fantasien zu werten sind. Vielmehr lassen sie erkennen, in welch einer wunderlichen und verborgenen Weise sich die Natur durch die Wirkungen der Himmelskräfte offenbart.

Ferner bin ich mir wohl bewusst, dass die meisten Schriftsteller die astrologischen Vorhersagen aus den Geburtsstunden und die daraus folgenden Arbeitsweisen verachten oder daran zweifeln. Das alles entsteht aus Unwissenheit. Darüber hinaus urteilt mancher über die Dinge, obwohl er nichts davon versteht oder sie gar gelernt hat. Weiter scheut er sich sogar nicht, sie dem Satan zuzuschreiben. Der brächte solche Dinge zuwege, um den Menschen zu sich zu locken.

Diese Menschen erweisen dem Satan größere Ehren und schreiben ihm mehr Macht zu als Gott und der Natur, das heißt den Geschöpfen des Himmels und der Erde. Könnte der Satan auch nur eine einzige Minute den Lauf oder die Wirkungen des Himmels aufhalten oder verschwinden lassen, hätte er es längst getan. Dabei hätte er die sichtbare Ehre Gottes wie sie durch den Himmel allen Menschen klar gezeigt wird, gewiss nicht geschont.

In Jesaias im 45. Kapitel sagt Gott: »Ich habe die Erde gemacht und die Menschen auf ihr geschaffen. Meine Hände haben den Himmel ausgebreitet und ich habe all seine Heere bestellt.«.

Siehe auch 5. Moses 4.14-19:»Mir aber gebot der Herr zu jener Zeit, euch Satzung und Rechte zu lehren, dass du, wenn du deine Augen gen Himmel aufhebst und Sonne, Mond und Sterne schaust, das ganze Heer des Himmels, dich nicht verführen lassest, sie anzubeten und ihnen zu dienen, da der Herr, dein Gott, sie doch allen Völkern unter dem ganzen Himmel zugeteilt hat.«

Oder auch 5. Moses 33.13. Vom Segen Josephs: »Vom Herrn gesegnet ist sein Land mit dem Köstlichsten vom Himmel droben und aus der Flut, die da drunten lagert, mit dem Köstlichsten, was die Sonne hervorbringt und dem Köstlichsten, das die Monde erzeugen.«

In Hiob 38.33 sagt Gott: »Weißt du, wie der Himmel zu regieren ist oder kannst du seine Herrschaft auf Erde meistern?«

Im Buch der Weisheit 7.17. heißt es: »Er lehrte mich das Wirken der Elemente, den Kreislauf der Jahre und die Stellung der Sterne.«

Im 13. Kapitel finden wir, wie die Heiden Sonne, Mond und Sterne für Götter gehalten und sie angebetet habe, weil sie ihre Kräfte und Macht auf Erden erkannt haben.

Im Buch Daniel im 4. Kapitel kannst du lesen, dass dieser Prophet unter allen Chaldäern und Sterndeutern der gelehrteste und geschickteste gewesen ist.

Diese und andere Kapitel sollte ein jeder wohl beachten, bevor er abschätzig über die Himmelskräfte und Wirkungen urteilt.

Um endlich von unseren Erfahrungen zu reden, sind wir nicht der Meinung, dass sie für absolut oder vollkommen gehalten werden sollen. Die Deutungen der natürlichen Signaturen können unmöglich alle auf einmal in Übereinstimmung mit den Wirkungen der Sterne und Planeten zur Geburtsstunde gebracht werden. Augenscheinlicher gilt das auch für die Effekte, welche die Direktionen anzeigen. Das liegt daran, dass sich die Handlinien, insbesondere die Nebenlinien, häufig ändern. Manchmal verlöschen sie gänzlich oder es treten an dieser oder anderer Stelle neue hervor, die manchmal rot, blass, dunkel oder gar schwarz gefunden werden.

Deshalb ist es in der Praxis nicht möglich, von einer Hand über längere Zeit hin dieselbe Deutung durchzuführen.

Wenn ich eine Knabenhand nach zehn Jahren wieder beurteilen sollte, würden sich Änderungen in ihrer Form, in ihrem Aussehen und insbesondere bei ihren Nebenlinien ergeben. Auch für die Planeten würde sich ein anderer Charakter ergeben. Unsere Bemühungen und unsere Arbeit ist so zu verstehen, dass wir so viel wie möglich untersucht und dazu ausgeführt haben.

Auch wenn ich hundert Figuren oder Beispiele wohlbetagter Menschen auf diese Weise zusammenbrächte, fände ich darin viele unterschiedliche Umstände und Zufälle verzeichnet. Dennoch könnte ich nicht alle möglichen Ereignisse aus der Hand lesen, wie sie auf der Grundlage des Geburtshoroskopes bestimmt werden können. Obwohl jedoch immer wieder Linien in der Hand verschwinden, könnten trotzdem zu den unterschiedlichen Lebenszeiten wahrlich viele Ereignisse aufgefunden werden.

Darum wird jeder Verständige und Liebhaber der verborgenen und natürlichen Dinge damit zufrieden sein. Die Kritiker, Besserwisser und Miesmacher mögen darüber diskutieren und es verurteilen, wie es ihnen gefällt und wie es ihre Art ist. Wer davon überhaupt nichts halten will, mag mein Buch weglegen und nach seinen eigenen Vorstellungen leben.

Kommentar zu Handlinien und Geburtshoroskop

Dieses Kapitel ist eine erweiterte Anmerkung zu den Grundlagen der folgenden Beispiele. Beim Lesen von J. Rothmanns Handinterpretationen fällt auf, dass er beinahe ausschließlich die Linien betrachtet. Die Hand- und Fingerformen lässt er völlig außer Acht. Lediglich den Daumen bezieht er gelegentlich mit ein. Dies war in der Chiromantie der Frührenaissance üblich.

Die Lebenslinie nimmt bei ihm einen besonderen Raum ein. Entgegen der heute gängigen Praxis lässt er sie an der Handwurzel beginnen. Bei ihm steigt sie mit zunehmendem Alter von unten nach oben auf, sodass die späteren Zeitpunkte im Leben des

Geborenen weiter oben auf der Linie erscheinen. Eine genaue Zeitskala verwendet er für die verschiedenen Lebensalter allerdings nicht.

In vielen Beispielen gibt er zu den eingezeichneten Schnittlinien dennoch ein jahrgenaues Alter an. Danach zeigt er regelmäßig die Übereinstimmungen mit den entsprechenden astrologischen Auslösungen auf.

Für die Horoskopzeichnungen verwendet er das zu seiner Zeit übliche *Häusersystem nach Regiomontanus.* Die Ereigniszeiten ermittelte er mithilfe der Ptolemäischen Primärdirektion. Das heute am meisten verwendete Häusersystem nach Placidus wurde erst nach seinem Tode üblich. Gleiches gilt für die Primärdirektion nach dem Naibodschlüssel.

In manchen Beispielen weist er auf die erste Saturnwiederkehr und auf bestimmte kritische Grade hin. Auch markante Stellungen von Fixsternen bezieht er in seine Deutungen mit ein.

Die Geburtsorte gibt J. Rothmann oft ungenau oder nicht an, sodass sie mithilfe der anderen Daten erst ermittelt werden mussten. Bei den Originalzeitangaben muss man berücksichtigen, dass der Autor den Tag mittags um 12:00 Uhr = 0:00 Uhr beginnen lässt. Das lag an den damaligen Sterntafeln, die ebenfalls zu Mittag begannen.

In den Nachberechnungen habe ich die angegebenen Lokalzeiten an die in den Zeichnungen verwendeten Werte des Aszendenten angepasst. Dadurch ergeben sich auf den Horoskop-Zeichnungen möglichst weitgehende Übereinstimmungen bezüglich der Achsen- und Häusergrenzen. Dennoch verblieben kleine Toleranzen. Gleiches gilt für die Gestirnstände. Auf deren unterschiedliche Werte geht Rothmann im Text selbst ein und beschreibt die schon damals vorhandenen Abweichungen der verschiedenen Tabellenwerke. Unsere heutigen Berechnungen sollten im Vergleich dazu genauer sein.

Als Häusersystem verwandte Rothmann wie damals allgemein üblich das von *Regiomontanus.* Das von *Placidus* (1603–1668) verbreitete sich erst ungefähr 100 Jahre später. Im meta- und prognostischen Bereich bediente er sich hauptsächlich der schwierig zu berechnenden und seinerzeit unter Astrologen dennoch gängigen Ptolemäischen Primärdirektion.

In der Vergangenheit äußerten vor allem englische Chirologen Zweifel darüber, ob man die genaue Geburtszeit damals überhaupt schon festhalten konnte. Nicht zuletzt deshalb wurde der Wert von Rothmanns Arbeit immer wieder angezweifelt. Dem kann entgegnet werden, dass zu Beginn der Renaissance die ersten genauen, mechanischen Uhren gebaut wurden. Zum anderen erlebte das 16. Jahrhundert eine akademische Hochblüte der Mathematik sowie der astronomischen Beobachtungen und astrologischen Empirie. Denkt man an die Genialität der Gelehrten wie Tycho de Brahe und Melanchthon, bieten sie eine gewisse Gewähr bezüglich der Ernsthaftigkeit ihrer astronomischen und astrologischen Forschungen, die den heutigen akademischen Standards durchaus standhält.

Die Zweifel mögen dennoch berechtigt erscheinen. Nimmt man jedoch bei den Orts- und Zeitbestimmungen sowie bei den Gestirnständen und Rechengenauigkeiten eine gewisse Toleranz in Kauf, erscheint mir ein Experimentieren mit Rothmanns Methodik dennoch lohnenswert. Bei aller Einfachheit der Zeichnungen der Hände würde ich diesen im Zweifelsfall einen höheren Wert beimessen als der astronomischen Genauigkeit.

In manchen Beispielen liest J. Rothmann den ungefähren Zeitpunkt einschneidender Ereignisse an der Lebenslinie ab. Seine Leserichtung ist dabei von unten nach oben in der Hand. Dies würde ich unter bestimmten Bedingungen nicht völlig verwerfen, obwohl man heute dazu eher die Gegenrichtung verwendet.

Die Fingerlängen- und -formen bezieht Rothmann in seine Analysen nicht mit ein und einzelne Fingerlinien nur selten.

Kapitel 6: Die Beispiele

Vorbemerkung

Im Folgenden werden von J. Rothmann 19 Beispiele sowohl chiromantisch als auch astrologisch interpretiert. Die abgebildeten, quadratischen Figuren sind die Originaldarstellungen. Sie werden im Text mit der jeweiligen Beispielzahl und den Buchstaben a bezeichnet. Im Fall des dritten Beispiels wäre dies die Bezeichnung 3a. Wegen der leichteren Lesbarkeit wurden ihnen die entsprechenden, neu berechneten Horoskopgrafiken in der heute üblichen Darstellung beigegeben. Das verwendete Häusersystem ist von Regiomontanus. Die Horoskope sind durch die jeweilige Beispielzahl und den Buchstaben b gekennzeichnet. Zwischen den alten und neuen Darstellungen ergeben sich häufig kleine Abweichungen, die nicht zuletzt auf das damals ungenauen Tabellenwerke zurückzuführen sind. Dies beeinflusst die Geburtshoroskope wie auch die Prognosen gleichermaßen.

1. Beispiel

Daten: Weibliche Geburt am 17. August 1567 AD nach dem Julianischer Kalender um 12:10 LMT, Breslau. Bei Rothmann beginnt der Tag wie bei den damaligen Tabellen um 12:00 Uhr mittags. Nach heutiger Berechnung würde man auf denselben Ort den 18. August 1567 um 0:10 Uhr angeben. Dennoch ergibt sich ein kleiner Berechnungsunterschied. Bei Rothmann beginnt das zweite Haus im Löwen.

Aus der Darstellung der Geburtsfigur ist zu ersehen, dass die Person ohne große Krankheiten ein hohes Alter erreichen wird. Die Vorhersage einer solchen oder andere Vorhersagen sind nicht notwendig, weil das alleine von Astrologen und nicht leicht von anderen verstanden werden könnte. Auch wäre es zu weitläufig, das näher auszuführen.

Weil Merkur im eigenen Zeichen und in seiner eigenen Gewalt (Domizil) steht, gibt er im vierten Haus nicht weit vom Saturn eine klar denkende und praktische Intelligenz. Die Himmelsmitte MC untersteht der Herrschaft des Jupiters, mit dem sie ein passendes Trigon bildet. Dadurch werden Würden angezeigt, die von keiner besonderer Verhinderung beeinträchtigt werden.

Der Mars schränkt jedoch den Merkur durch ein Quadrat aus dem zwölften Haus ein. Daraus lässt sich schließen, dass diese Person wegen martialischer Menschen in ihrem Studieren und Fachbereich nicht ohne Widerstände durch Schriftsteller oder Kaufleute bleiben wird.

Die Venus steht sehr vorteilhaft. Sie zeigt eine tugendsame Frau an, die fruchtbar ist und viele Kinder gebären soll, insbesondere, weil Jupiter mit ihr zusammen im fünften Haus steht.

Der Reichtum dieser Person wird durch Ehrungen und Förderungen zunehmen, die sie erhalten wird. Das Gleiche wird durch den Bund der Ehe erfolgen, wie schon angedeutet wurde.

Für Gefängnis und plötzlichen Tod gibt es keine Anzeichen. Trotzdem sollte sich die Person vorsehen, dass sie auf Reisen oder unterwegs nicht etwa unter Räuber oder ähnliches Gesindel gerate. Weiter sollte sie darauf achten, dass sie nicht durch Pferde, Rinder oder dergleichen Tiere Schaden erleide. Das hängt alles mit dem Mars im zwölften Haus, mit seiner dortigen Herrschaft und mit seinem Quadrat auf den Merkur zusammen.

Im mittleren Alter wird diese Person viele Reisen unternehmen, woraus ihr Ehre, Güter und ein guter Ruf erwachsen wird. Diese Beschreibung habe ich der betroffenen Person vor zwei Jahren übergeben, bevor ich ihre Hand mit der Absicht abgezeichnet habe, einen Vergleich zwischen dem Geburtshoroskop und den Handlinien vorzunehmen. Der Abriss der hier abgebildeten linken Hand:

1. Weil die Lebenslinie fein, vollständig und nicht durchschnitten ist, zeigt sie ein langes Leben mit wenigen Krankheiten an. Ausgenommen davon ist eine Stelle etwas unterhalb der Mitte, die um das 25. Jahr eine ziemlich schwere Krankheit anzeigt. Zu dieser Zeit schreitet der dirigierte Aszendent aus dem Krebs in den Löwen[6]. Das vermeldet uns die Himmelsfigur. Dazu passen der feine und breite Handtisch sowie die Leber- oder Mittellinie, die gerade und sehr lang ist.
2. Die guten, natürlichen und körperlichen Eigenschaften, wie man sie allgemein bezeichnet, kann man aus dem klar geformten Dreieck ablesen, das die Mittellinie, die Tischlinie und der breite Tisch zusammen bilden.
3. Der Bereich des Merkurs, der den kleinen Finger und Merkurberg umfasst, zeigt um diese Zeit sehr kleine, aber klare Linien an. Daraus können wir dem Merkur einen guten Zustand und vorzügliche, geistige Fähigkeiten zuschreiben. Das unterstreichen auch die Linie des Hauptes (Merkurlinie), das Dreieck sowie Venus und Jupiter in ihrem guten Wesen.
4. Der Jupiter und insbesondere die Venus stehen gut, das ersiehst du aus dem Daumenberg, der kreuz und quer nur mit zierlichen Linien gezeichnet ist. Das Gleiche gilt für den Jupiterberg. Was wir aus dem Zustand der beiden schließen können, kannst du den entsprechenden Kapiteln über die Planeten Venus und Jupiter entnehmen.

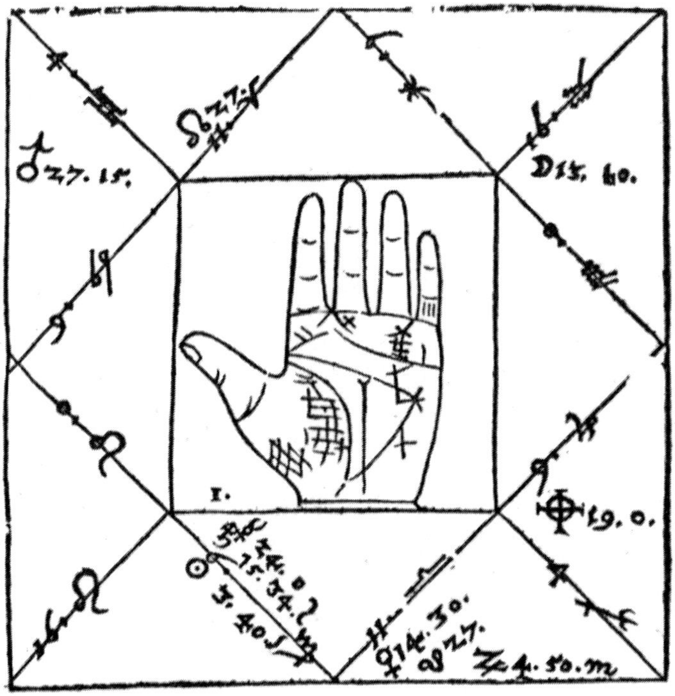

Beispiel 1a

5. Der Saturnberg zeigt ein Kreuzlein an, das eine schwere Krankheit bedeutet. Der Zeitpunkt liegt um das 30. Lebensjahr, als der Saturn ungefähr seinen ersten Umlauf um den Zodiak absolviert hat. Häufig macht er sich auch um das 32. und 33. Lebensjahr bemerkbar, was sehr schwierig sein kann, wenn man keine sehr gesunde Natur hat. Wenn die Saturnwiederkehr endet, erreicht der dirigierte Aszendent 6° Löwe. Dieser Grad ist immer unglücklich[7] und ohne Krankheit oder Unglück lässt er sich nicht abweisen. Wenn ihn eine wichtige Direktion erreicht, zeigt er oft sogar den Tod an. Das gilt auch für 6° Waage, was ich oft beobachtet habe.
6. Die kleine Linie, die zwischen dem Zeiger und Mittelfinger liegt und zum Saturnberg hinzieht, zeigt Kopfwunden oder Fallen aus

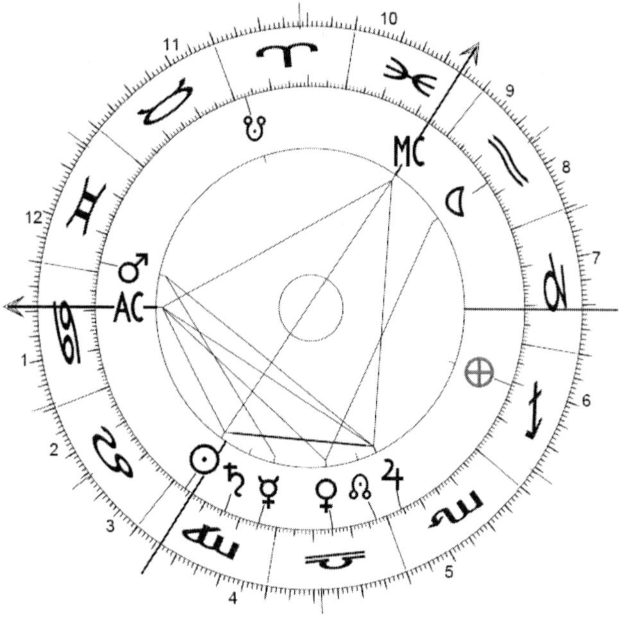

Beispiel 1b

einer Höhe an, was nicht ohne Wunden abgeht. Weil die Linie aber nicht lang und durchschnitten ist, wird das nicht gefährlich sein. Dieser Unfall mag in das 32. oder 33. Jahr fallen, wie hiermit angezeigt sei.

7. Die Via Solis oder Sonnenlinie unter dem Goldfinger ist durchschnitten, weshalb das Erlangen von Ehre und Ansehen nicht ohne Neider sein werden.
8. Die Signatur im Tisch unter dem Goldfinger, welche die Mittellinie durchkreuzt, zeigt im Alter Probleme mit oder den Verlust von Gütern durch einen falschen Freund an.
9. Die Saturnlinie, das ist die Linie, die von der Restricta zur Mittellinie gegen den Mittelfinger hinaufgeht, bekräftigt die Andeutung des langen Lebens sowie Aufrichtigkeit des Gemüts, guten Verstand und ehrbares Verhalten.

10. Das Kreuz am Widerschlag (Mondberg) bedeutet glückliche Reisen, was auch aus der Himmelsfigur angezeigt wird. Darüber hinaus habe ich zu dieser Zeit keine besonderen Signaturen auf dem Mondberg gefunden.

Allgemein ist aber anzumerken, dass ich in diesem und auch in den folgenden Beispielen nicht alle Linien, vor allem nicht die kleinsten, eingezeichnet habe. Die Ursache liegt darin, dass es sehr schwer ist, sie in aller Feinheit, so wie sie sein sollten, abzumalen. Wie sich seither gezeigt hat, verschwinden die kleinen Linien oft bald wieder, während andere an derselben Stelle hervorkommen. Das hat mich dazu bewogen, bei einer Praxis zu bleiben, bei der die augenfälligsten Linien betrachtet werden, weil sie uns in unserem Verhalten bestärken. Darüber hinaus mag jeder, der an den kleinsten Linien oder Zeichen Lust und Gefallen findet, die während seiner Zeit erscheinen, sie selbst betrachten.

2. Beispiel

Daten: Auf meiner Reise nach Schlesien bin ich drei Meilen vor Breslau einem Knaben mit schönem Angesicht begegnet. Er war ungefähr sechs Jahre alt. Als mir mitgeteilt wurde, dass er unehelich geboren worden war und seine Eltern unbekannt seien, habe ich seine Hände besonders genau betrachtet. Ich konnte jedoch nicht alle Linien abzeichnen, weil sie bei Kindern noch sehr fein und nicht gut sichtbar sind. Sein Geburtstag war am 2. Februar 1590 (greg.) um 1:30 Uhr pm, LMT. Die in der Zeichnung angegebenen Werte für den Aszendenten und die Häusergrenzen entsprechen nach heutigen Berechnungen 13:47 LMT.

In dieser Geburtsfigur werden fünf Planeten in ihren Würden gefunden, deshalb betrachte ich sie mehr der Geburt eines Adeligen zugehörig als zu der eines Sohns von einem Bauernknecht.

Saturn und Merkur stehen in wechselseitigen Häusern (Zeichen) und sind zudem durch ein Trigon sehr passend miteinander verbunden. Desgleichen wechseln Venus und Jupiter ihre Häuser (Zeichen) und stehen ebenfalls in Rezeption. Dazu ist die Venus in den

Fischen in ihrer Erhöhung und Jupiter in Konjunktion mit dem Fixstern Spica[8] aus dem Sternbild der Jungfrau. Endlich ist auch der Mars sehr gewaltig[9].

Wie nun ihr Zustand und ihre Andeutung mit den Linien der Hände übereinstimmen, wollen wir mit Fleiß betrachten:

1. Die Lebenslinie, die fein, vollständig und von keinen Linien durchschnitten wird, zeigt ein langes Leben und gute Leibeskräfte an. Gleiches gilt für die Mittel-, Tisch- und Saturnlinie, die wohl geformt sind. Dieses wird durch die Geburtsfigur unterstrichen, weil sich die Himmelslichter und der aufsteigende Grad (Aszendent) außerhalb böser Planetenaspekte befinden und deshalb mit der Aussage der Linien in Einklang stehen.
2. Die Mars- oder Schwesterlinie der Vitalis wird klar und schön geformt neben der Lebenslinie gefunden. Sie zeigt einen guten Zustand des Mars in der Geburtsfigur an, was wirklich zutrifft. Deshalb wird der Junge später einen tapferen Soldaten abgeben, dem das Glück zur Seite steht.
3. Da Venus und Merkur hier an Würden und Gewalt stark sind, zeigen sich auf ihren Bergen feine Linien. Daraus ist zu schließen, dass dieser Knabe keine geringen geistigen Fähigkeiten zum Studieren besitzt. Das deutet auch der Tisch an. Die Rezeption von Saturn und Merkur aus ihren Domizilen ist sehr günstig. Deshalb mag der Knabe etwas Lobenswertes durch sein Studium erreichen, sofern er dazu angehalten wird. Die Marslinie zeigt jedoch klar an, dass er eine größere Neigung und mehr Glück in Bezug auf das Kriegswesen hat, als etwa zu Federn (Schreibzeug).
4. Auf dem Jupiterberg erscheinen ebenfalls kleine Linien und eine Zeichnung in Form eines lateinischen „M“. Ich denke, es soll den Charakter des Jupiters ausdrücken, konnte es aber auf Grund der Kleinheit nicht so genau abzeichnen. Die Linien in der Hand eines so kleinen Knaben sind dazu noch zu fein. Darum soll hier festgehalten werden: Was dem Jupiter zusteht,

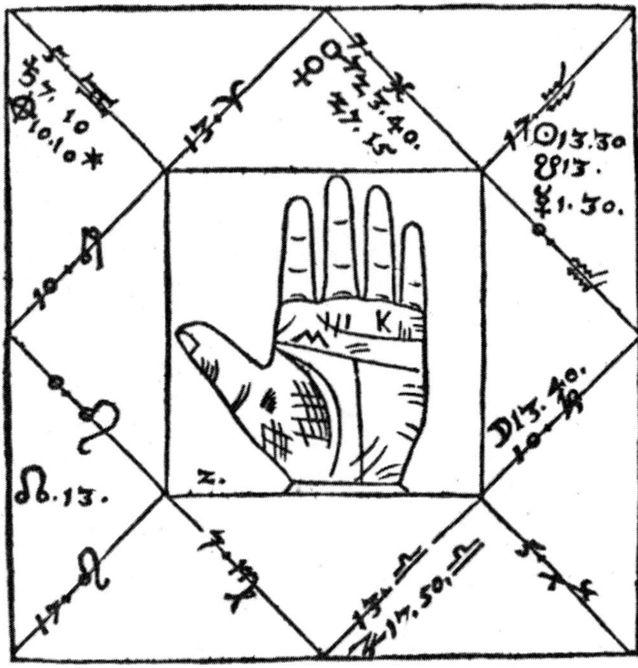

Beispiel 2a

wenn er in einer glücklichen Stellung vorgefunden wird und insbesondere, weil er beim Fixstern Spica aus der Jungfrau steht, sind Ehre, Reichtum, Glück, Förderung und dergleichen mehr. Das haben wir schon oben über diesen Planeten beschrieben.

5. Die Venus lässt durch ihre Stellung augenscheinlich erkennen, dass sie glücklich steht. Sie zeigt Üppigkeit an, Glück bei den Frauen, Geilheit und was dem Planeten noch weiter zusteht. Das haben wir ebenfalls schon oben beschrieben. Die Stellung und Konjunktion von Venus und Mars im Eckhaus verstärkt die übermäßige Libido.
6. Die Saturnlinie zeigt ehrbare Sitten und gute Fortschritte im Lebenswandel und Tun. In dieser Geburtsfigur ist ein besonderer

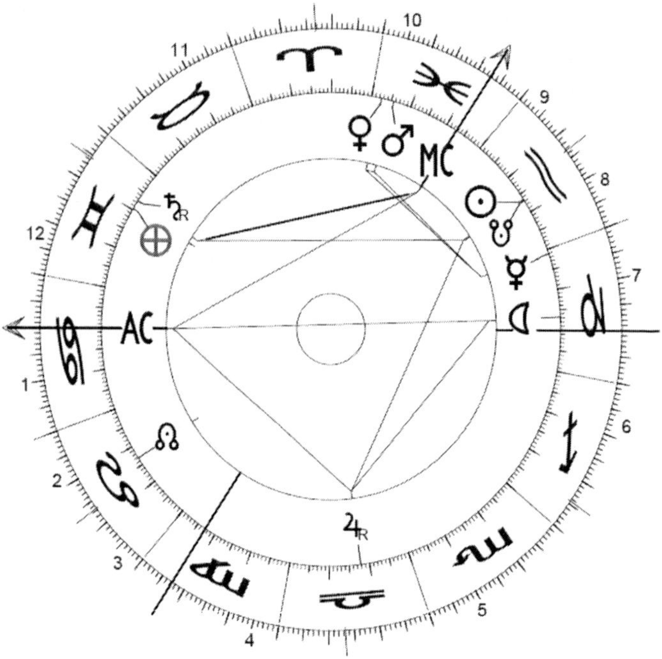

Beispiel 2b

Genius zu finden, weil ausgenommen von den drei ersten Häusern die Regenten aller anderen neun in einem guten und tapferen Wesen gefunden werden.

7. Die drei Linien, die unter dem Mittelfinger die Tischlinie (Herzlinie) schneiden, zeigen saturnische Krankheiten im Unterbauch an, sowie Armut und Mangel, doch nicht über die Maßen.

In der Himmelsfigur befindet sich der Glückspunkt in Konjunktion mit Saturn, der wiederum eine glückliche Rezeption mit dem Merkur bildet. Letzterer herrscht über Haus 4 und über das 12. Haus, in dem der Glückspunkt steht. Dadurch wird mächtiges Glück durch Bergbau angedeutet, was nicht nötig ist, weiter auszuführen.

8. Die Via Solis oder Sonnenstraße, die unter dem Goldfinger steht,

erscheint auch nicht unförmig. Sie macht zu Ehren und mächtigen Förderungen sehr geneigt, die Venus, Mars, Jupiter und Merkur reichlich mit sich bringen.

9. Die kleineren Linien, die unten auf dem Widerschlag (Mondberg) erscheinen, zeigen viele glückliche Reisen an. In der Geburtsfigur steht Merkur mit dem Saturn als Herrscher des neunten Hauses in glücklichem Wesen verbunden. Sie widmen sich gerne weiten Pilgerreisen. Drüber hinaus pflegt diese Konfiguration auch einen Traumdeuter abzugeben und einen erfahrenen Astronomen oder Astrologen.

10. Die Mittellinie (Kopflinie) ist am Ende nach dem Widerschlag hin zwar durchschnitten, jedoch so, als wäre sie dennoch ganz. Sie zeigt im Alter eine andere Lebensart an.
    Das ist aus der Geburtsfigur nicht leicht zu ermessen. Weil jedoch die Herrscher der Häuser vier bis zwölf in Würden stehen und über einen hervorragenden und mächtigen Einfluss verfügen, muss man nicht daran zweifeln.

11. Von der Cephalica oder Kopflinie (Merkurlinie) ist nichts Besonderes zu ersehen. Doch was von ihr für die folgenden Jahre angezeigt wird, geht mit dem Dreieck, der Via Lactea und den restlichen Eigenschaften konform. Sie lassen mir keinen Zweifel daran, dass sie zusammen mit dem Mittelfinger zur gegebenen Zeit einen glücklichen Einfluss in Bezug auf den Bergbau und auf noch andere Eigenschaften erwarten lassen.

In unserer Anwendung und beim Vergleichen der astrologischen Schlussfolgerungen mit den chiromantischen Handlinien gibt es einen großen Mangel, weil nicht alle Linien im selben Jahr zusammen gefunden werden. Wie schon öfters beschrieben, sind sie zu manchen Zeiten nicht zu sehen, während sie zu anderen in anderer Weise wieder hervortreten. Das sollten sich die Dummen und Böswilligen merken. Da sie niemals vom unnützen Streiten ablassen wollen, kommt es mir nicht in den Sinn, solchen Ignoranten auch nur mit einem Wort zu widersprechen.

3. Beispiel

Daten: Am selben Tag und im gleichen Jahr wie im vorigen Beispiel ist in Thüringen um 1:00 am, LMT, in der Frühe ein Mädchen geboren, dessen linke Hand mit ihren Linien hier abgebildet ist. – Das Datum ist der 2. Februar 1590 AD (greg.). Für den Ort habe ich Sonneberg und für die Geburtszeit 1:10 am, LMT, angenommen.

Um zu sehen und verstehen, welche Gewalt die oberen Gestirne in der Geburtsfigur mit sich bringen, müssen wir dieses Beispiel mit dem vorigen vergleichen. Das eine ist, welche Macht die Planeten in den Zeichen des Himmels haben, das andere aber, wie es darum steht, wenn sie in dem einen oder anderen Haus gefunden werden.

Die Stellung des Merkurs im Tierkreiszeichen bleibt in der zweiten und dritten Figur dieselbe, wie uns die Astrologen lehren. Im vorliegenden dritten Beispiel finden wir Merkur jedoch im dritten Haus, während er sich im vorigen Beispiel im achten Haus aufhält. Durch die unterschiedliche Häuserstellung wird seine Macht verändert, obwohl seine mundane Gewalt, das heißt seine Stellung im Tierkreiszeichen, dieselbe bleibt.

1. Die drei Hauptlinien, das heißt die Lebenslinie, die Mittel- und Tischlinie, wie auch der Tisch selbst, sind in beiden Zeichnungen an Form und Gestalt gleich. Wegen einiger Linien, welche die Lebenslinie an drei Stellen durchschneiden, ergeben sich jedoch einige Unterschiede.

   Als Erstes zeigt die Linie, die weiter unten bei der Restricta die Lebenslinie durchkreuzt, eine Krankheit um das fünfte oder sechste Lebensjahr an.

   Zum anderen steigt eine Linie aus der Mitte der Lebenslinie bis unter den Saturnberg auf und berührt die Saturnia im Tisch. Sie bedeutet eine hartnäckige saturnische Krankheit wie Vierfieber, Pest, gefährliche Flüsse den Kopf betreffend, Husten, Lungen- und Milzsucht. Dies lässt sich um das 30. oder 32. Jahr[10] attestieren. In dieser Zeit kommt der dirigierte Aszendent in Opposition zum Saturn.

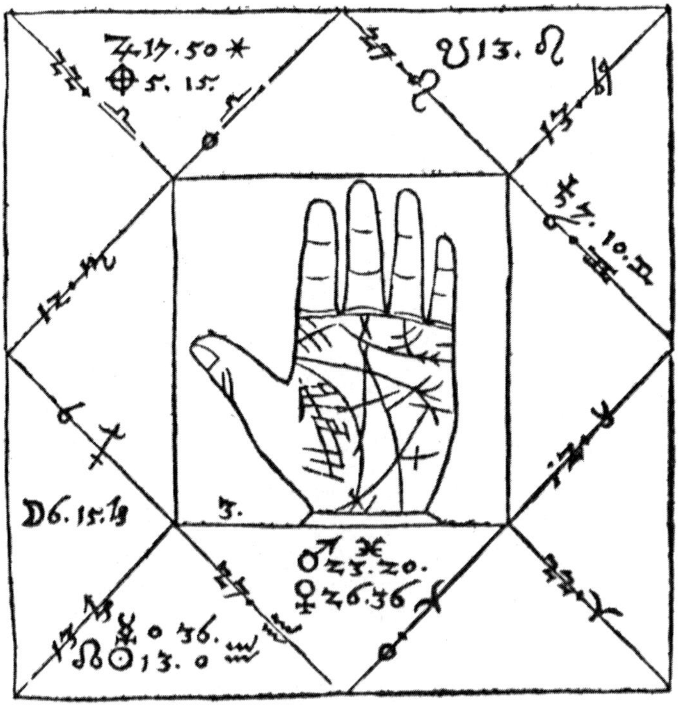

Beispiel 3a

Zum Dritten wird die Lebenslinie weiter oben gegen ihr Ende hin durchkreuzt. Diese Querlinie läuft in die Höhlung des Mars, weshalb sie eine heftige, martialische Krankheit wie hitziges Fieber, rote Ruhr, Lebersucht, Wunden am Kopf, Schenkel oder Ähnliches anzeigt. Das liegt um das 52. Lebensjahr[11], wenn der dirigierte Aszendent ins Quadrat zum Mars läuft. Da aber die Venus den Mars gefunden hat und im Zaum hält, wird dieser Unfall nicht zum Tode gereichen.

Wir werden oft feststellen, dass solche Schnittlinien in der Lebenslinie mit den Orten der auslösenden Direktionen in den angezeigten Jahren übereinstimmen.

Das lässt mich nicht verwundern, denn ich habe dieses nun geprüft, beobachtet und für richtig gefunden.

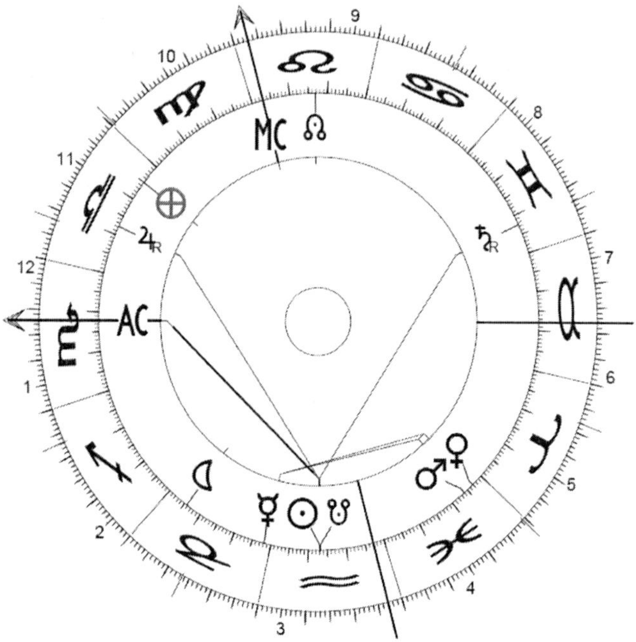

Beispiel 3b

2. Die Mittellinie endet in einer anderen Form als im vorigen Beispiel. Sie zeigt im Alter eine Änderung der Sitten und des Glücks zum Schlechteren an. Doch die andere Linie, die an dieser Stelle beinahe ein Kreuz bildet, zeigt einen Erbfall an. Das ist aus der Himmelsfigur an Saturn im achten Haus abzulesen, der mit Merkur eine Rezeption bildet.
   Eine andere Linie, die aus der Höhlung des Mars hinaufstößt, bedeutet Hinderung und Unfall aus Beziehungsgründen durch einen untreuen, martialischen Angehörigen.
3. Die Tischlinie ist sehr schön geformt. Sie zeigt starke Gliedmaße, gute Leibeskräfte, gute Gesundheit und Reichtum an. Aus diesen drei (Haupt-)Linien sowie aus dem schön gezeichneten Dreieck und aus anderen Planeten kannst du leicht ein gutes Wesen und rege Geisteskräfte erkennen.

4. Merkur zeigt zur beobachteten Zeit an seinem Ort (Berg) nur eine Linie auf. Venus ist glücklich und stark, ebenso Jupiter. Was es über diese Planeten zu sagen gibt, wurde schon oben mitgeteilt. Dass diese Planeten in der Himmelsfigur ebenfalls stark und glücklich verlaufen, wurde schon zuvor beschrieben.
5. Die Sonnenlinie ist durchschnitten. Was einer Frau an Ehre und Reichtum zukommt, wird von ihrem Ehemann verursacht.
6. Unter dem Mittelfinger siehst du zwei sich kreuzende Linien, die sich durchschneiden. Sie zeigen Widerwärtigkeiten und Unfälle an. Saturn in Konjunktion mit den Hyaden[12] lässt einen stolpern, fallen oder von einer allgemeinen Katastrophe überwältigen, insbesondere, wenn Saturn im achten Haus steht. Dies wird jedoch durch die anderen Lichter abgemildert.
7. Das Kreuz am Widerschlag, dem Mondberg, zeigt bei Frauen Fruchtbarkeit und glückliche Geburten an. Das wird durch die Venus bestätigt, ohne dass wir beachten, dass sie beim Mars steht: Diese Verbindung hat ihre Wirkung auf die Lust und die menschliche Libido.

Aus den beiden Beispielen 2 und 3 ist zu ersehen und zu verstehen, wie die Aszendenten wirken, weil die Geburt der beiden kaum zwölf Stunden auseinanderliegt. Ich würde mir wünschen, ich hätte noch mehr solcher Beispiele, um sie miteinander zu vergleichen. Es sind mir auch die Horoskope von zwei Adeligen bekannt, die sich kaum um eine Stunde voneinander unterscheiden. Ihre beiden Aszendenten fallen unter das Zeichen des Skorpions. Wenn es mir die Zeit erlaubt, werde ich die Linien einsehen und miteinander vergleichen.

4. Beispiel

Daten: Geburt eines Knaben am 6. Januar (jul.) 1546 um 2:40 pm, LMT, am Rhein. Für die Neuberechnung habe ich 13:37 LMT, in Köln verwendet.

1. Der Geborene ist ein Gichtkranker, der auf dem Saturnberg zwar Zeichen mit Querlinien zeigt, doch kann man eine solche

Krankheit nicht leicht aus der Hand erkennen. Es ist unzweifelhaft wahr, dass Mars im Schützen und im sechsten Haus diese Krankheit verursacht hat. Das würde auch für die Fische gelten, denn ich wüsste noch mehr solcher Beispiele. Es genügt jedoch nicht nur dies eine Gestirn, um daraus immer und bei jedem die Gicht hervorzurufen. Das zu diskutieren gehörte an einen anderen Ort.

2. Der Venusgürtel erscheint hier richtig abzirkelnd, aber dennoch an zwei Stellen durchschnitten, was Unkeuschheit und ein wuschiges Temperament bedeutet. Dazu gehören Schaden und Nachteil an Ruf, Ehre und Ansehen, von denen ich weiß, dass es dem Geborenen so ergangen ist. In der Geburtsfigur findest du die Konjunktion von Saturn und Venus im siebten Haus[13]. Schlag dazu in den Aphorismen von Ptolemäus 80 nach.

3. Weiter zeigt diese Hand einen sehr glücklichen Menschen an, weil das Handdreieck fein und gut gebildet ist und sich die Kopflinie (Merkurlinie) bis zum kleinen Finger hinaufschwingt. Die Via Lactea, die Form des Tisches sowie die Planeten Merkur, Jupiter und Venus zeigen das Gleiche an. Dazu geht die Saturnlinie bis an die Mittellinie.

   In der Geburtsfigur wechseln der Saturn und der Jupiter ihre Häuser (Zeichen) glücklich und stehen somit in Rezeption. Sie herrschen über die Lichter Sonne und Mond. Zugleich haben sie Gewalt über die Häuser sieben bis zwölf, in denen alle Planeten gefunden werden, mit Ausnahme von Mars. Deshalb stand der Person das Glück in allen Dingen bei, zumal Merkur, Venus und Jupiter mit dem Saturn auf verschiedene Weise verbunden sind. Das müssen wir nicht weiter vertiefen.

4. Die Linie, die durch den Tisch und die Mittellinie zum Widerschlag (Mondberg) läuft, zeigt an, dass dieser Mensch sein Leben mit vielen Reisen und außerhalb des Vaterlandes zubringen soll. Weil neben dieser noch eine andere Linie unter dem Goldfinger ihren Anfang nimmt und mit hinunterläuft, wird umso mehr angezeigt und bekräftigt, dass er nicht geringe Ehre außerhalb seines Vaterlandes erfahren soll. Dazu passt auch der Jupiterberg.

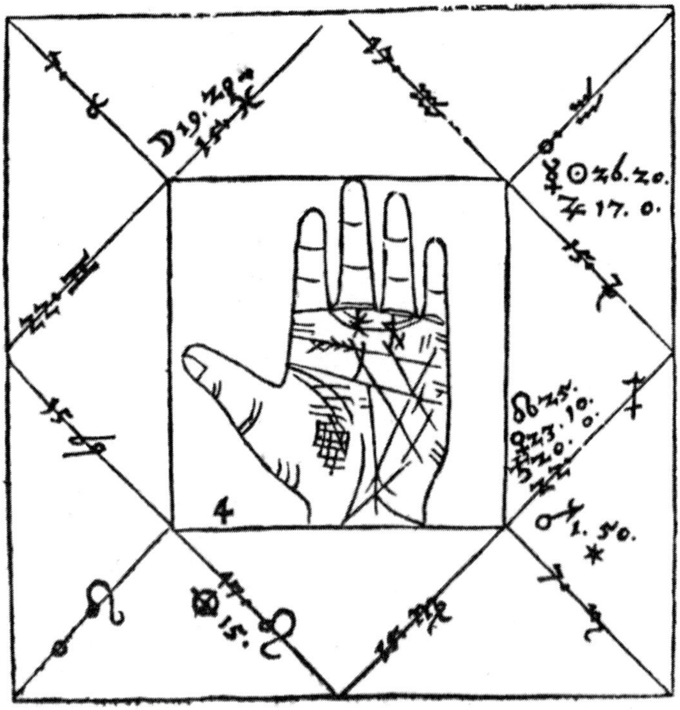

Beispiel 4a

Die Sonnenlinie verhindert einige zugefügte Verletzungen. Aus dem Zustand der Gestirne in der Himmelsfigur lassen sich viele dieser Urteile ebenso verstehen, wie wir schon oben beschrieben haben. Deshalb fassen wir uns hier kürzer.

5. Wenn die Linie des Hauptes (Merkurlinie) stark gefunden wird, bekräftigt sie nicht allein die Verstandeskräfte, sondern zeigt auch ein gesundes Haupt an.
6. Die Via Lactea, Milchstraße, steht dem Verstand bei, weil sie gerade gezogen ist. Da sie hier an die Restricta stößt, bedeutet sie ein geruhsames Alter.
7. Die Lebenslinie wird oben von zwei Linien durchschnitten und zeigt zwei Krankheiten etwa um das 52., 56. oder 58. Jahr an[14].

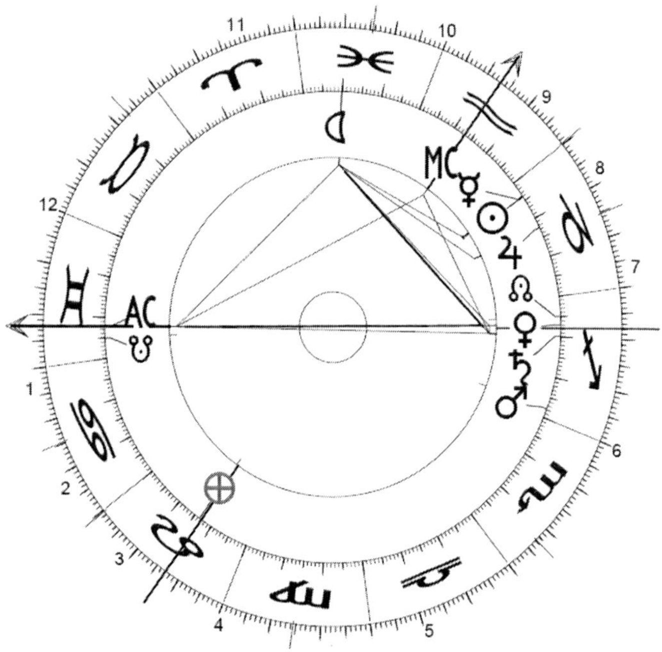

Beispiel 4b

In dieser Weise entspringt eine nicht geringe Linie aus dem Saturn sowie eine aus dem Tisch unterm Saturnberg, die in Richtung Lebenslinie läuft. Deshalb mag sich der Mensch vorsehen, nicht hinzufallen. In der Himmelsfigur stimmen damit die Direktionen des Aszendenten auf 6° Löwe[15] überein und des dirigierten Mondes, der in die Opposition zum Mars gerät.

8. Die Tischlinie (Herzlinie), die sich unter dem Jupiterberg bis über die Hand hinauszieht, bedeutet einen grimmigen und beständigen Zorn. Astrologisch entbrennt der Mars unter der oben genannten 6°-Stellung durch Praesepe, dem Sternhaufen im Krebs, zu eigenartiger Wut und zu Zorn.
9. Andere Linien am Widerschlag zeigen ebenfalls mancherlei Reisen an.

10. Die Mittellinie, die neben der Linie des Hauptes (Merkurlinie) von einer kleineren Linie durchstrichen wird, bedeutet Verluste, die Familienangelegenheiten und Altersschwäche betreffen. Deren Wirkungen werden sich bemerkbar machen.

5. Beispiel

Daten: Geburt eines Knaben am 9. Dezember (greg.) 1586, 8:45 am, LMT, Oberlausitz. Für die heutigen Berechnung legte ich für denselben Aszendenten 8:32 am, LMT, zugrunde.

Ebenso, wie die wenigen Linien in dieser Hand schwach gezeichnet sind, finden wir in der Geburtsfigur die Andeutung und den Zustand der Planeten.

1. Jupiter wird in seiner Erhöhung im Krebs ist zwar im Niedergang im Westen (siebten Haus) gefunden, weil er aber rückläufig ist, findest du zu seiner Zeit keine sonderliche Betonung dieser Stelle. Mit der Zeit wird er sich jedoch besser bemerkbar machen. Er zeigt Reichtum durch den Ehebund an. Das gilt auch für die etwas schwache Venus im zweiten Haus, die ebenso in der Hand in mittlerem Wesen gefunden wird.
2. Der Knabe leidet an der Fallsucht. Diese Krankheit gehört vor allem zum Saturn. Das zeigen zwei kleine Linien, die von der Tischlinie zum Saturnberg aufsteigen. Die Anzeichen sind jedoch unvollkommen. Darüber hinaus habe ich in diesem Beispiel nicht mehr Nebenlinien finden und abzeichnen können.
3. In der Himmelsfigur findest du eine Sonne-Mond-Konjunktion, die gleichwohl in ihrer Stellung zum Fallen neigt und oft zur Milzsucht, Melancholie, Hypochondrie wie zu geringen Geisteskräften und wenig Glück. Der Neumond, der am Tag nach der Geburt eintrat, wurde von einem Marsquadrat angegriffen, das ein Unglück darstellt.
   Die Mittellinie ist hinuntergebogen, sodass das Dreieck eng wird, dies zeigt eine mittelmäßige Geistesstärke an. Dieser kommt der

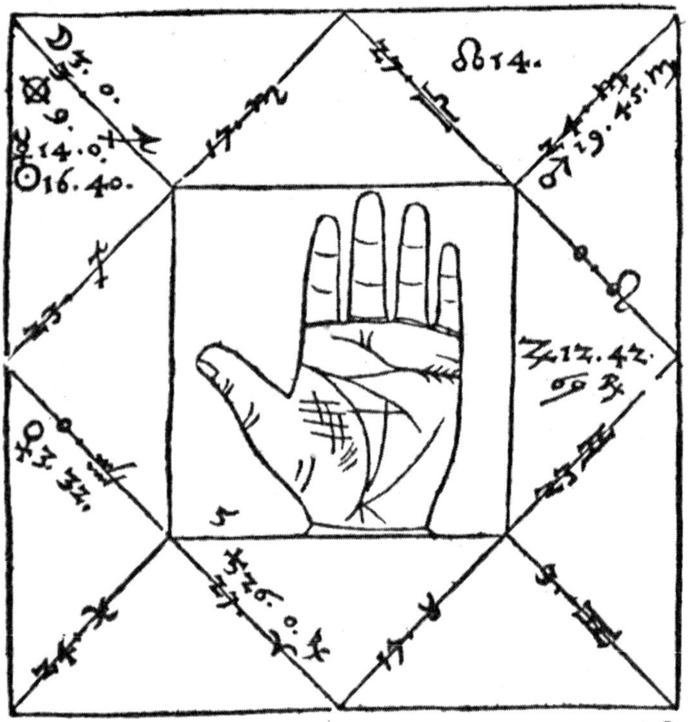

Beispiel 5a

weite Tisch sowie die kleine Linie auf dem Merkurberg und die Kopflinie (Merkurlinie) zur Hilfe. In der Himmelsfigur findest du ebenfalls nur mittelmäßige Intelligenz angedeutet.

4. Die Linie, die von der Lebenslinie in die Höhlung des Mars verläuft und dort ein Kreuz bildet, zeigt hitziges Fieber und Gefahr auf Reisen an, die von Räubern ausgeht. Das wird durch den peregrinen Mars bestätigt, der die Sonne-Merkur-Konjunktion aus seiner Stellung im neunten Haus durch ein Quadrat heftig anfeindet.
5. Etliche kleine Linien, die von der Tischlinie nach unten gehen, zeigen Mangel und Armut an. Im Horoskop befindet sich der

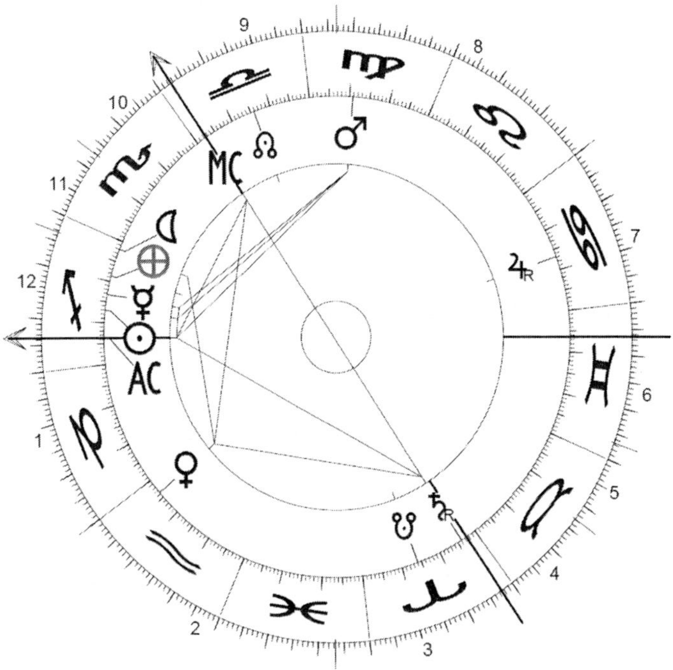

Beispiel 5b

Glückspunkt unter den Strahlen der Sonne. Der Saturn, Herrscher des zweiten Hauses, ist in einem fremden Zeichen und deshalb im Fall. Weil sich die Venus jedoch im zweiten Haus befindet, wird sie es dennoch nicht vollständig an materiellen Gütern mangeln lassen.

Bei diesem Beispiel stimmt die geringe Stärke der Planeten, wie sie durch die Himmelsfigur angezeigt wird, zusammen mit den schwach geformten Handlinien. Gleiches zeigt die Erfahrung auch bei anderen, so zum Beispiel bei einem Jungen, der am 26. Juni (greg.) 1585 um 11:30 Uhr geboren ist. Er hat einen geringen Stand der Gestirne bei der Geburt. Der Saturn fällt ins siebte Haus in den Widder, weshalb der Knabe um das 14. oder 15. in Lebensjahr[16] dem Tod nicht leicht entgehen wird. Die Lebenslinie wird von einer

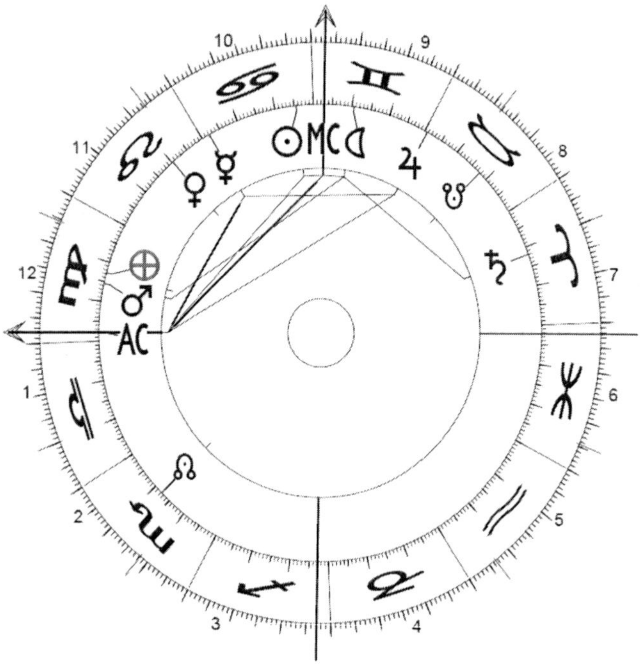

Beispiel 5c

Linie durchkreuzt und die Kopflinie (Merkurlinie) wird nur stückweise vorgefunden. Darüber hinaus hat er einen Stern auf der Saturnlinie in Richtung Saturnberg und von diesem geht eine Schnittlinie aus.

Ich verschweige auch nicht, dass ich das Geburtshoroskop eines Adeligen verfasst habe, in dem ich alle sieben Planeten in Würden und glücklichem Wesen gefunden habe, darüber hinaus Jupiter und Saturn in Konjunktion im Krebs. Von diesen Verhältnissen war in der Hand, die zahlreiche Linien enthielt, nicht viel zu sehen. Von der Restricta stiegen jedoch feine und gerade Linien zum Saturn-, Sonnen- und Merkurberg auf.

Bei einer anderen, noch höher stehenden Person, fand ich eine Merkurlinie (eine Linie auf dem Merkurberg) und im Horoskop

Merkur in den Zwillingen. Darüber hinaus fand ich keine besondere Merkurbetonung.

An dieser Stelle wäre es notwendige etwas über die Imagination des Geistes der großen Welt zu sprechen, der diese Linien dem Menschen zuallererst einprägt und schließlich durch den Lauf und die Wirkungen der Sterne zur rechten Gestalt bringt, ganz wie sie sein sollen. Diese Imagination wird auch Vorherbestimmung, Einsicht oder Weissagung genannt. Aber diese hohen Dinge lassen sich nicht leicht darstellen, insbesondere für gewöhnliche Leute.

Der in den astronomischen Geheimnissen Erfahrene weiß, was man unter Anima Mundi versteht und welche Mächte und Empfindungen sie beinhaltet. Bei den vorliegenden Geburtsfiguren und den Linienzeichnungen müssen wir die Eigenschaften des Vererbten berücksichtigen sowie die Gemütsverfassung der Mutter und das, was die Leibesfrucht an Anlagen noch mitbringt. Alle Ursachen und Vermischungen mit diesen sind nicht gründlich und vollständig zu erforschen.

6. Beispiel

Daten: Ein anderer Knabe wurde am 27. Dezember (greg.) 1588 um 5:00 am, LMT, am Morgen in Oberlausitz geboren. Nach heutiger Berechnung würde man für dieselben Wert 4:58 am, LMT, zugrunde legen.

1. Der Jupiter zeigt auf seinem Berg ein Kreuzlein und zwei zierliche Linien. Daraus ist zu ermessen, dass Jupiter im Geburtshoroskop in einem guten Wesen steht, doch alles in einem Mittelmaß, weil nicht weitere und augenscheinliche Anlagen und Zeichen vorhanden sind. Was es über diesen Planeten zu erörtern gibt, findest du oben. Beachte jedoch das Mittelmaß[17]. In der Himmelsfigur steht Jupiter am MC in der Himmelsmitte und bildet jeweils ein feines Trigon mit Merkur und Saturn im Trigon der Erdzeichen.
2. Venus macht sich von ihrem Berg her deutlich bemerkbar. In der Himmelsfigur steht sie im Domizil des Mars und im Tausch mit

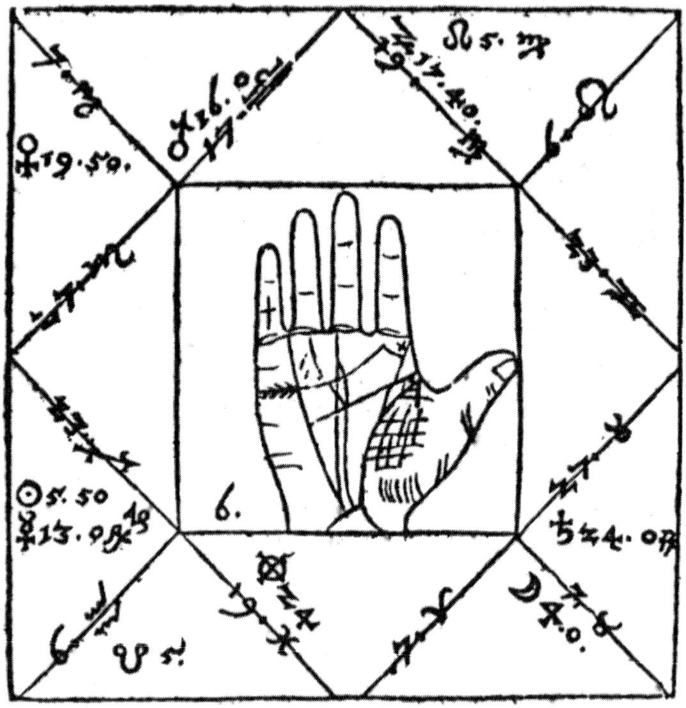

Beispiel 6a

dem Mars in der Waage. Diese Rezeption spricht für ein Übermaß an Unkeuschheit, Geilheit und Üppigkeit, die aus dem Kreuzlein auf dem Venusberg zu erachten sind.

3. Der Saturn erlangt gleich viel Macht wie Jupiter oder beinahe noch mehr, weil sich der Mond auf ihn zu bewegt. Er macht ihn zum herausragenden, dominanten Herrscher dieser Figur. Diejenigen Planeten, die der Mond zur Zeit der Geburt als Erstes berührt und mit denen er eine Konjunktion bildet, ergeben mächtige Herrscher. Sie besitzen große Stärke. Deshalb siehst du hier die Saturnlinie vollständig durchgezogen und neben ihr eine lange, begleitende Schwester- oder Parallellinie. Wofür dieser Planeten nun zuständig ist, solltest du hier verzeichnen.

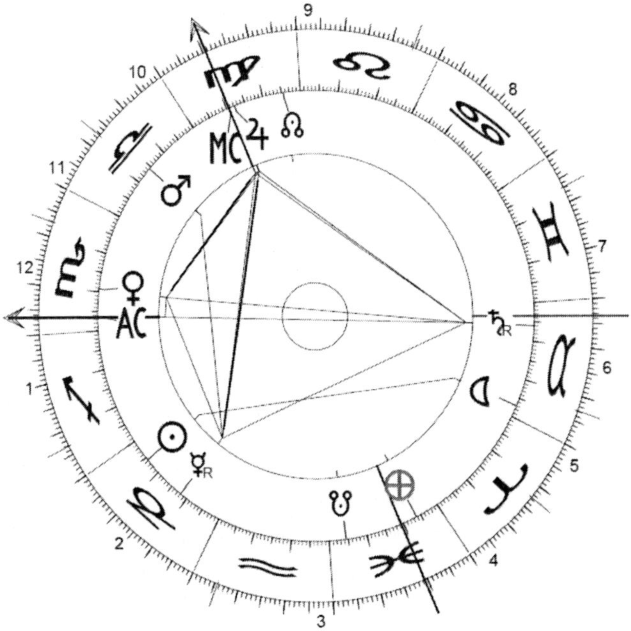

Beispiel 6b

4. Die Cephalica oder Linie des Hauptes (Merkurlinie) ist vollständig, sehr lang und bis zum kleinen Finger hinauf gezeichnet. Sie zeigt ein gesundes Haupt, gute Verstandeskräfte, Listigkeit und Ähnliches mehr an. Dem Verstand und der Erfindungsgabe kommt das Handdreieck, der Tisch sowie Venus, Jupiter, Saturn und Merkur zuhilfe. Am kleinen Finger und unten auf dem Merkurberg sind zwei kaum sichtbare Linien zu sehen. In der Geburtsfigur finden wir Merkur unter der Herrschaft des Steinbock, im Trigon zu Jupiter und im Sextil zur Venus unangesehen (geschwächt), da der Merkur rückläufig ist und sich somit von ihr weg bewegt. Zusätzlich feindet ihn Mars durch ein Quadrat an.
5. Die Via Solis (Sonnenlinie) ist hier vollständig und wird nicht behindert, weshalb ihre Bedeutung für den Knaben voll zutrifft.

Passend dazu versprechen Jupiter und Merkur einen Mann von Rang und Namen.

6. Was aus der richtigen und regelmäßigen Form des Tisches zu urteilen ist, haben wir schon öfters beschrieben.
7. Weiter geben die Linien am Widerschlag (Mondberg) unten glückliche Reisen. Mehr Linien haben sich dieses Mal nicht sehen lassen.

7. Beispiel

Daten: Die Geburtszeit des folgenden Knaben war am 30. Dezember (greg.) 1590 um 4:30 am, LMT, in der Frühe geboren, am gleichen Ort wie beim vorigen, in der Oberlausitz. Zusammen bespreche ich drei Brüder.

1. Hier verstehst du aus den Linien, dass diesem Knaben Merkur, Venus, Saturn und Jupiter beistehen. In der Geburtsfigur haben Venus und Merkur mit ihrer Konjunktion die größte Gewalt. Der Saturn, den der Mond nach kurzem Weg erreicht und mit dem er ein Trigon bildet, steht in derselben Triplizität. Mars und Jupiter sind in ziemlicher Gewalt.
2. In der Himmelsfigur werden durch die Merkur-Venus-Konjunktion sehr gute, geistige Anlagen angezeigt. Aus dem Aszendenten im Aufgang ergeben sich weiter deutliche Begabungen zu allerlei Künsten, insbesondere für die Astronomie und Dichtkunst. Die Saturn-Merkur-Opposition schadet den Begabungen nicht, sondern verursacht andere Widerstände.
   In der Hand findest du die Cephalica (Merkurlinie) bis zum Merkurbereich hinaufgezogen. Ähnliches gilt für den Saturnbereich und dazu passen Jupiter und Venus. – Andere Linien habe ich diesmal nicht besonders vermerkt.
3. Vom Mars gibt es nichts Besonderes zu berichten, außer, dass von oder durch die Lebenslinie eine Linie zum Jupiterberg aufsteigt, die bei vielen Beispielen eine Mars-Jupiter-Konjunktion anzeigt, wie sie etwa im achten, neunten und 18. Beispiel erscheint. Oft fehlt sie jedoch auch, wie wir im 12., 14. und 16.

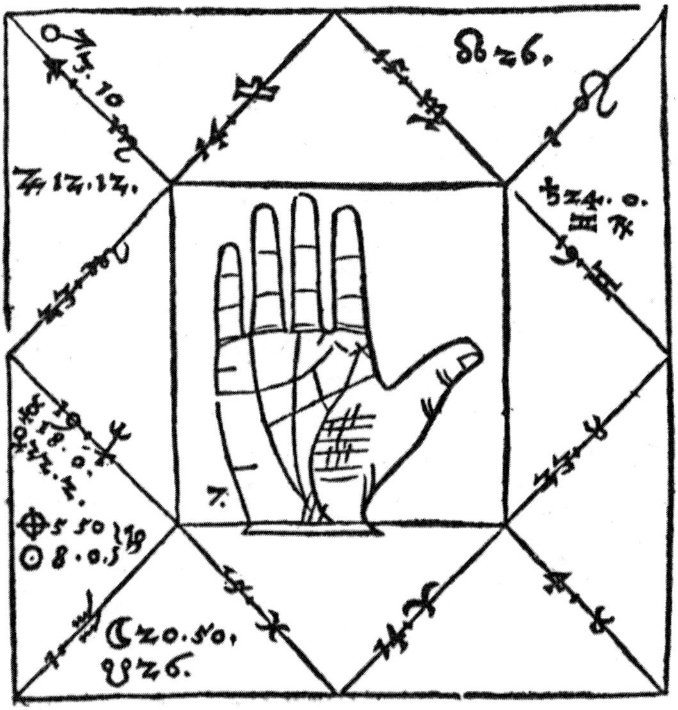

Beispiel 7a

Beispiel sehen. Welche Linien mit der Zeit noch hervortreten, vermag ich nicht leicht vorherzusagen.

4. Die Sonnenlinie siehst du hier nicht, wie im vorigen Beispiel. Diese Dinge wollen sich nicht innerhalb eines Jahres vergleichen lassen. Für eine entsprechende Veränderung wäre dieser Zeitraum zu gering.
5. Am Widerschlag sind wenige Linien zu bemerken.
6. Der Tisch und die Tischlinie (Herzlinie) sind ebenfalls fein und schön geformt. Sie unterstützen die anderen in ihren guten Anlagen, Begabungen und beim glücklichen Fortgang im Handeln und Tun. Hieraus ist zu schließen, dass dieser Knabe zu höheren Dingen kommen wird.
7. Die Lebenslinie ist unten nahe der Restricta durchschnitten und

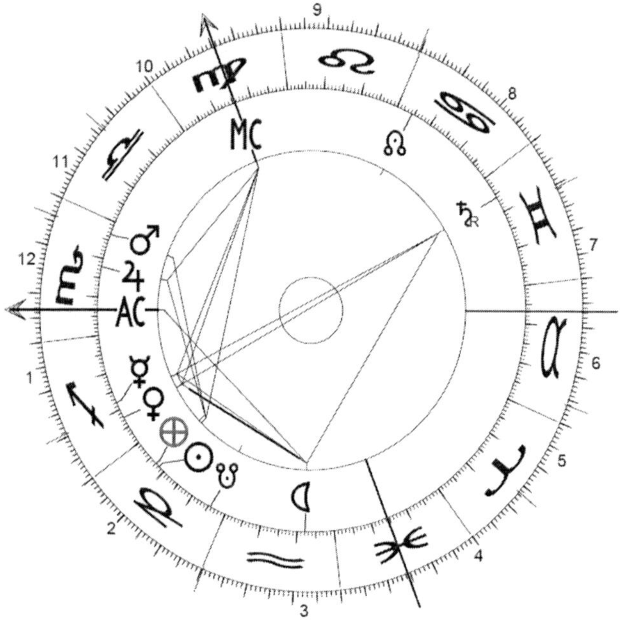

Beispiel 7b

zeigt eine Krankheit in der Kindheit an. Diese stieß ihm im Jahre 1593 zu. Im Frühjahr hatte er Phrenitis, eine Geisteskrankheit, die hartnäckig anhielt, bis Eiter aus den Ohren austrat. Die Lebenslinie wird in der Mitte von einer Linie durchquert, die sich zum Saturnberg hinauf erhebt. Sie zeigt um das 40. Jahr eine Krankheit an, die vom Saturn herrührt zu dem Zeitpunkt, wenn der dirigierte Aszendent in Opposition zum Geburtssaturn[18] gelangt.
Während dieser Zeit sollte er sich vor der Pest hüten und vor einem Fallen von hohen Gebäuden. Weiter wird er in dieser Zeit zu fürchten haben und anfällig sein für häufigen Schnupfen, für Flüsse, Vierfieber und Scrabies oder Krätze. Weil sich jedoch die Venus bei dem Direktionsgrad befindet, werden von diesen Krankheiten keine tödlichen Gefahren ausgehen.

8. Beispiel

Daten: Eine Knabengeburt am 8. November (greg.) 1588 um 8:46 pm, LMT, in Böhmen. Hier habe ich für eine annähernde Übereinstimmung mit der Horoskopzeichnung 8:31 pm, LMT, in Prag angenommen.

Die Linien des Knaben sind so geformt, dass sich daraus schließen lässt, dass dieser kein unbedeutender Mann werden soll.

1. Alle Linien zusammen offenbaren eine vortreffliche Vorstellungskraft und reine Anlagen. So erscheint es aus der Venus (dem Venusberg), dem Jupiter und Merkur sowie aus dem Tisch, Dreieck und der Kopflinie (Merkurlinie). Das kann ein erfahrener Astrologe leicht aus der Himmelsfigur und aus dem Mond durch seine Verbindung mit der Linie des Aszendenten schließen. In diesem Zustand gibt der Mond hervorragende und sinnreiche Verstandes- und Fantasiekräfte, vor allem, weil ihm der Merkur durch ein Trigonschein sehr zuhilfe kommt.
   Das Gleiche zeigt die Hilfe der Venus an, die in ihrem Domizil steht sowie das Sextil zwischen Mars und Merkur und deren Rezeption, welche durch die Mars-Jupiter-Konjunktion ergänzt wird.
2. Venus, Jupiter und einigermaßen auch Mars sind in einem guten Wesen, das findest du klar in der Hand.
3. Eine solche Linie, wie sie hier unter dem Daumen durch den Venusberg läuft, bedeutet Unzucht oder Inzest. Der Venusgürtel berührt die Tischlinie und ist durchschnitten. Es zeigt schwere Konflikte in Verbindung mit Frauen an, ein Herausgehen aus dem Ehestand oder ein Fremdgehen. Das gilt umso mehr, als unten eine Linie durch die Lebenslinie zur Restricta geht.
   In der Himmelsfigur ist Venus in einer mächtigen Gewalt, weil sie in einem Eckhaus in ihrem Domizil Waage gefunden wird und zudem beherrschende Stärke ausstrahlt. Darum musst du hier alles beachten und aufzeichnen, was zu diesem Planeten gehört, wenn er in einem guten Wesen steht.
4. Die Linie, die zwischen dem Gold- oder Herzfinger und dem

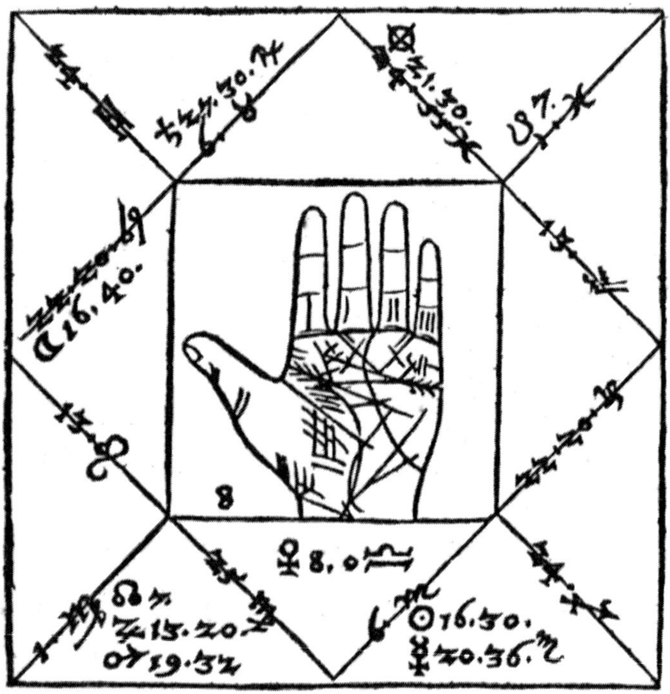

Beispiel 8a

Mittelfinger beginnt, läuft in Richtung Widerschlag zum Mondberg hinunter. Sie zeigt eine große Gewalt des Planeten Luna an. Daraus werden große Würden und Verdienste bei mächtigen Potentaten angedeutet. Ihnen kommen Jupiter, Venus und Merkur zuhilfe.

Da der Mond in der Figur im Krebs und nahe der Linie des Ostens am Aszendenten steht, bringt er dem Knaben Witz und einen treffsicheren Verstand. Weiter ist es nicht nötig, alle Signifikatoren zu prüfen, die sich aus der Figur ableiten, um alle Würden herauszufinden. Das würde hier zu lang dauern.

5. Weil die Linie des Hauptes zweifach erscheint und sich die eine davon zum Widerschlag neigt, zeigt sich nicht nur eine verstandesmäßige Verschlagenheit in allen Dingen an, sondern auch

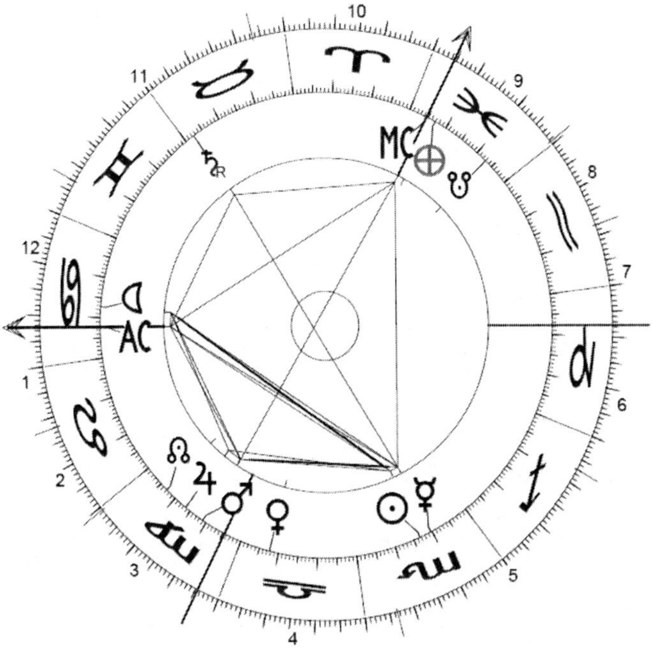

Beispiel 8b

viele und glückliche Reisen. Der Mond bringt durch seine Stellung in der Geburtsfigur viele Reisen mit sich, sodass der Geborene in seinem ganzen Leben vom Reisen nicht frei sein wird. Das gilt grundsätzlich immer, wenn der Mond in einem beweglichen Zeichen am Aszendenten steht. Die beweglichen und kardinalen Zeichen sind: Widder, Krebs, Waage und Steinbock[19]. Krebs und Steinbock sind in der Wirkung die stärkeren, weil die beiden anderen zugleich die tropischen Zeichen sind.

6. Die andere Linie, die der Linie des Hauptes parallel läuft und inmitten der Hand die Mittellinie berührt, durchkreuzt die Lebenslinie an zwei Stellen. Sie befestigt die Verstandeskräfte und zeigt zwei martialische Krankheiten an, die etwa in das neunte und 20. Lebensjahr fallen.

Im neunten Lebensjahr[20] erreicht der dirigierte Aszendent das

Ende des Krebses und im (19. bis) 20. Jahr erreicht er den Bereich von ca. 6° Löwe, an dem die Grenze des Saturns[21] endet. Dieser krank machende und ungesunde Grad ist unheilvoll, wie ich oft beobachtet habe.

Im sechsten Jahr sind dadurch Masern angezeigt, indem die Lebenslinie unten mit einer Linie durchschnitten ist.

Die andere Querlinie an der Lebenslinie, welche die Mittellinie durchstreicht, zeigt um das 36. Jahr[22] eine Gefahr durch Räuber und weniger durch eine Krankheit. Die letzte Querlinie an der Lebenslinie könnte zum 40. (50.) Lebensjahr[23] gehören, wenn der Aszendent in der Direktion ein Saturnquadrat bildet. Das wird ein gefährliches Jahr sein. Weil diese Linie durch den Tisch geht und mit der Mittel- und Tischlinie zusammenstößt, ist eine Lebensgefahr durch gefährliches Herabfallen oder -stürzen von einer Höhe zu befürchten.

In der Himmelsfigur befindet sich die Sonne im Skorpion, dem Zeichen für Gewalttätigkeit. Der Mond steht beim Herkules[24] und bewegt sich zugleich auf den unheilvollen Fuß des Orions zu. Beides sind martialische Sterne. Weil aber die zwei Übeltäterplaneten den Lichtern nicht mit feindseligen Aspekten begegnen, ist ein gewaltsamer Tod nicht vollständig angezeigt und nicht absolut zwingend.

7. Vom Merkur, der mit Mars sein Domizil wechselt und mit ihm in Rezeption steht, geht ebenfalls eine nicht geringe Gewalt aus. Wie er das auch in der Hand erkennen lässt, darüber magst du selbst urteilen. An Geschicklichkeit wird es dem Knaben jedoch in allen Künsten nirgends mangeln. Das kann man auch am Jupiter ersehen.

   Andere kleine Linien habe ich beim Abzeichnen dieses Mal übergangen.

9. Beispiel

Daten: Ein Junge ist in Schlesien bei 51° N (bei Krzepice) am 8. März (jul.) 1551 um 9:30 am, LMT, in der Frühe, geboren. Nach heutiger Berechnung entspricht 9:41 am, LMT, den angegebenen Werten.

1. An der Lebenslinie werden nach unten gehende Zweige gefunden. Dadurch werden in der Jugend gesundheitliche Probleme und nicht geringe Krankheiten angezeigt, die sich bis ins mittlere Alter erstrecken. Auf Gleiches verweisen die vier Linien in der Tischlinie unter dem Mittelfinger, die vier saturnische Krankheiten anzeigen. Sie betreffen vor allem die Leber, Milz und Nieren. Als Erstes waren im 21. Lebensjahr die Brust und Lunge von einem beschwerlichen Fluss und Katarrh befallen, an dem der Geborene beinahe erstickt wäre.
   Zum anderen nahm er im 36. Jahr eine giftige Flüssigkeit zu sich. Weil er den Trinkbecher aber nicht auf einmal austrank und der meiste Inhalt drinnen blieb, schadete ihm diese nicht so sehr. Mit medizinischer Hilfe rettete er seine Gesundheit. In diesem 36. (-37.) Jahr schritt die dirigierte Sonne in ein Saturnquadrat. Weil der Saturn in seiner Gewalt stark steht, die Sonne jedoch mit der Venus zusammen fortschreitet, ist klar zu verstehen, dass sie das vom Saturn angezeigte Unheil verhinderten.
   Zum Dritten wird etwa um das 45. Jahr, wenn der dirigierte Aszendent aus dem Krebs in den Löwen voranschreitet, eine Krankheit angedeutet. Oft bringt der Zeichenwechsel einer Direktion Änderungen in äußeren Dingen, wie in Ehren, Anerkennung und Reichtum, mit sich.
   Zum Vierten wird der dirigierte Aszendent um das 54. Jahr auf 6° Löwe kommen. Zu diesem Zeitpunkt mag sich der Mann vor großen Flüssen, Vierfieber oder anderem pestartigem Fieber hüten. Weil jedoch immer Jupiter mit dem Aszendenten voranschreitet, ist eine Todesgefahr nicht so schnell zu erwarten.
   Als der dirigierte Aszendent im 13. oder 14. Jahr die Marsstellung im Geburtshoroskop erreichte, fiel der Junge mit der Brust und einem Arm in heißes Wasser und verbrannte sich dabei sehr. –

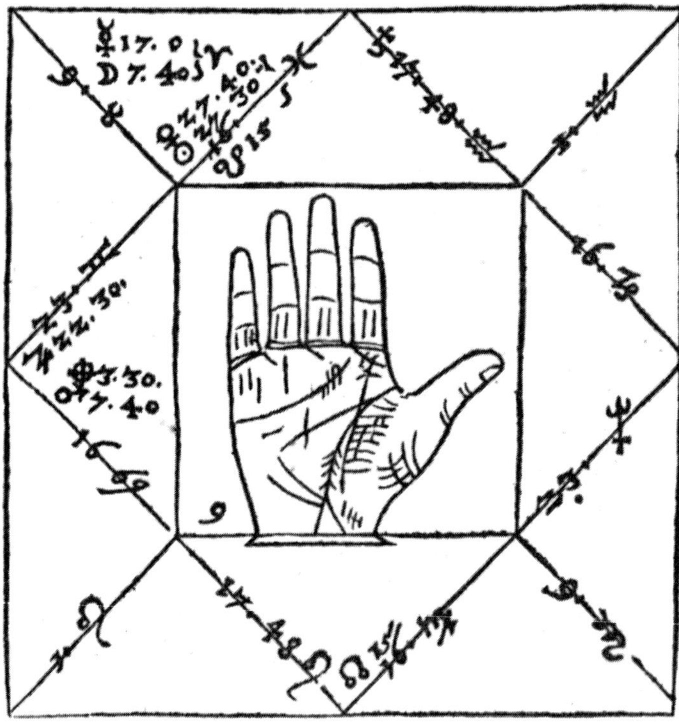

Beispiel 9a

Ich habe den Mars hier nach der Berechnung von Kopernikus eingetragen.

2. Jupiter zeigt auf seinem Berg keine unförmigen Linien oder Zeichen, weshalb er nicht geringe Würden andeutet. In der Geburtsfigur zeigt das Jupiter durch seinen führenden Rang am aufsteigenden Grad. Er steht am Aszendenten in den Zwillingen, ohne dass er in irgendeiner Weise geschwächt wäre. Nur der Saturn an der Spitze des Himmels wirft seinen Neid mit ein.

Wie schon zuvor erwähnt, zeigt eine Linie, die sich über den Mars durch die Lebenslinie bis zum Jupiterberg hinaufzieht, im Geburtshoroskop eine Mars-Jupiter-Konjunktion an. Obwohl

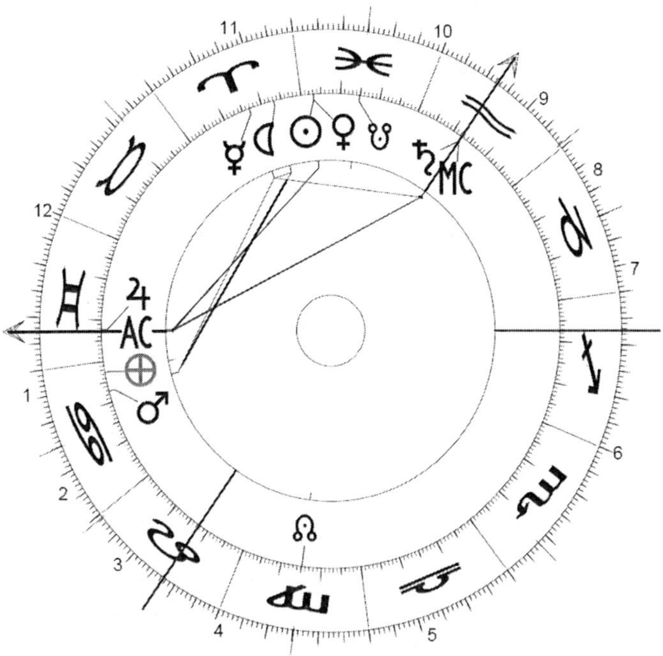

Beispiel 9b

die beiden Planeten 15° voneinander entfernt stehen, erscheinen sie dennoch zugleich im ersten Haus. Deshalb bringt Mars in Bezug auf Würden, Ehren und Anerkennung viel Streit und Widerstände mit sich, insbesondere, da er in einem fremden Zeichen im Fall steht.

3. Venus macht sich von ihrer Stellung her deutlich bemerkbar. Sie wird im elften Haus in der Erhöhung gefunden. Deshalb kündet sie Glück in Eheangelegenheiten und durch Freundschaften mit vornehmen Persönlichkeiten an. Das ist dieser Person auch wirklich widerfahren.
4. Die Sonnenlinie ist deutlich gezeichnet und unzerschnitten. In der Figur ist der Zustand der Sonne glücklich. Sie steht neben der Venus und im Quadrat zum Jupiter.

5. Merkur macht sich von seiner Stellung her wohlwollend bemerkbar. Er steht in der Figur im Widder im elften Haus in einem guten Wesen. Gleiches gilt auch für sein Sextil zu Jupiter und Saturn. Er macht sich im Widder verständig und kann sich gut ausdrücken.
6. Die Linie des Hauptes und die Via Lactea erscheinen in mäßiger Form und Gestalt, doch das Dreieck ist etwas klein und eng.
7. Der Tisch ist ebenfalls wohlgeformt. Alles zusammen lässt auf gute Anlagen, einen wachen Verstand und glücklichen Ausgang seines vornehmen Betragens und Tuns schließen.
8. Die Schnittlinie, die mitten in der Hand durch die Leberlinie (Kopflinie) geht, zeigt eine Schwäche der Leber und des Blutes an, unter der die Person auch tatsächlich leidet. Die Konjunktion zwischen Jupiter und Mars spricht für übersäuertes Blut, für übermäßigen Durchfall oder für eine Neigung zum Bersten einer Vene.
9. Der Mond zeigt auf seinem Berg keine Linien, wie er auch in der Himmelsfigur in keiner Gewalt steht, weil er kaum eine Tagesreise von der Sonne gewichen ist.[25]
10. Die hier im 9. Beispiel angegebenen Direktionen stimmen erstaunlich genau mit den heutigen Berechnungen überein, wenn man ebenfalls den Ptolemäischen Schlüssel verwendet.

10. Beispiel

Daten: Ein Knabe wurde am 18. Februar (greg.) 1588 um 4:30 am, LMT, am Morgen in Wittenberg geboren. – Dem abgebildeten Geburtshoroskop liegt nach meiner Berechnung allerdings 4:57 am, LMT, zugrunde.

1. Welche Planeten bei diesem Knaben die größte Gewalt haben, ist leicht zu ersehen: Es sind Jupiter, Venus und Merkur und zum Teil Saturn, Mars und Mond. Jupiter steht in seiner Triplizität im westlichen Winkel. Er ist jedoch durch seine Rückläufigkeit geschwächt und wird von einem Saturnquadrat behindert.
   Jupiter und Merkur sind in dieser Figur die obersten Herrscher.

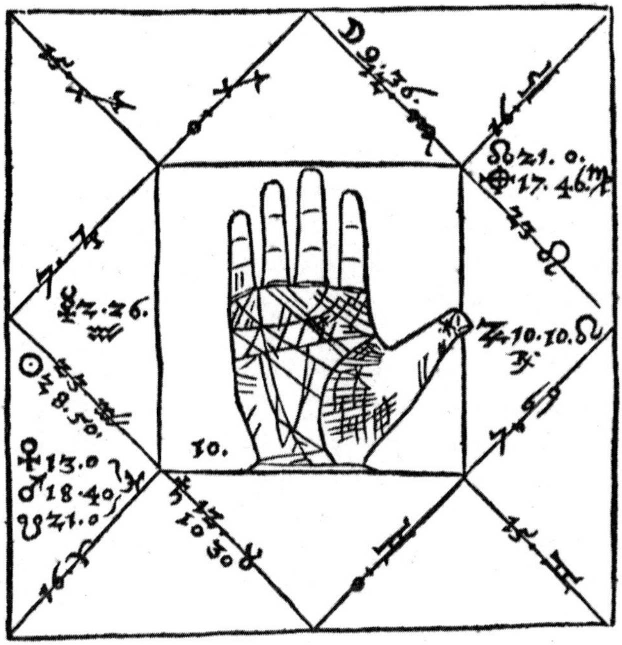

Beispiel 10a

Das lernen wir vom Mond, weil er vom Jupiter direkt auf den Merkur zuläuft und ihn bei 12° Wassermann erreicht[26]. Merkur steht in seiner Triplizität im ersten Haus sehr gut und hat auch sonst große Macht in diesem Zeichen[27]. In der Hand zeigt er zierliche Linien in seinem Bereich, dazu läuft eine makellose Kopflinie (Merkurlinie) vom Merkurberg durch die Hand zur Lebenslinie.

Weiter lässt sich auch Venus tapfer sehen, weil auf ihrem Planetenberg feine Linien und einen Stern gesehen werden. Darum ist dieser Planet im Regiment der dritte. Auf was man aus diesen dreien schließen kann, magst du oben in aller Bescheidenheit suchen.

Weil die Jupiterlinien von anderen Linien durchschnitten werden, die vom Saturnberg herlaufen, und Jupiter in der Figur durch einen Quadratschein vom Saturn sehr gehindert wird, deshalb ist die Venus dem Jupiter überlegen oder gleich an Gewalt und Eindrücken. Um das zu erkennen, bedarf es fleißiger Übung und Erfahrung.

2. Zum anderen ist hieraus zu erkennen, dass die Hand und die Aspekte der Sterne gleichermaßen großes Glück anzeigen. Die leibliche Gesundheit ist davon ausgenommen. Die Lebens- und Mittellinie werden oft berührt und durchschnitten, wie auch in der Himmelsfigur Saturn den Mond und Jupiter heftig anfeindet. Das Saturn-Jupiter-Quadrat zeigt Verstopfung und Leberschwäche an.

   Ein solches Quadrat zwischen den denselben Planeten und Zeichen hatte auch Kaiser Augustus, unter dem der Christus geboren ist. Von ihm meldet Suetonius, dass dem Kaiser die Ausflüsse aus der Leber, die zur Verstopfung führen, heftig zusetzten.

   Die meisten Krankheiten bei diesem Knaben werden sich um das 25., 30., 32., 36., 44. und 50. Jahr angezeigt[28]. Die Opposition des Saturns mit dem Mond erregt viele heftige Flüsse und Katarrh.
3. Weil die Mittellinie (Kopflinie) gerade durch die Hand und bis zum Ende des Widerschlags reicht, zeigt sie hohes Alter an.
4. Daraus kannst du leicht auf eine gute Anlage schließen und auf einen feinen, klugen Verstand, der sich für alle erfinderischen und lobenswerten Dinge eignet. Das sieht man an den vielen parallelen Linien, Kreuzen und zierlichen Zeichen sowie an der Linie des Hauptes (Merkurlinie), dem regelmäßig geformten Tisch und an andere Planeten, von denen schon berichtet wurde. In der Himmelsfigur sind Merkur, Jupiter und Mond durch Aspekte miteinander verbunden. Der Mond bildet einen gradgenauen Aspekt mit Saturn und ein Sextil mit dem Aszendenten. Dadurch sind die geistigen Fähigkeiten stark ausgeprägt und scharf. Dem steht lediglich die Merkur-Jupiter-Opposition entgegen.
5. Weil die Linie des Hauptes bis an die Mittellinie verdoppelt ist, zeigt sie große List und scharfen Verstand in allen Absichten und im Tun an.
6. Die Linie, die sich aus der Höhlung des Mars zum Widerschlag

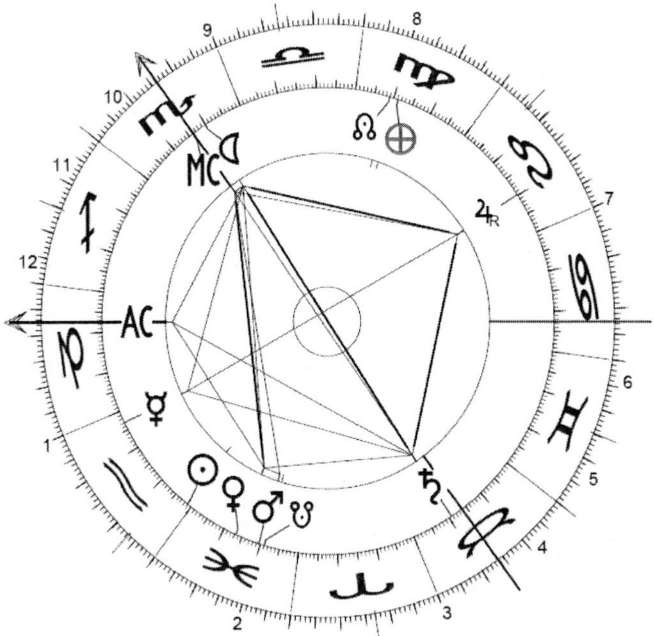

Beispiel 10b

und zur Restricta hinunterzieht, zeigt viele Reisen an und dass der Mensch sein Leben außerhalb des Vaterlandes zubringen soll. Wo eine solche Linie erscheint, trügt sie niemanden. Astrologisch muss dazu der Herrscher des neunten Hauses in Aufgang stehen oder der Herr des Aszendenten im neunten Haus oder wie in dieser Figur der Horoskopherrscher im Domizil eines Planeten, der aus dem neunten Haus kommt.

7. Das Sternchen am obersten Daumenglied zeigt Erbschaften an. Weil der Daumen der Venus zugeordnet wird, wollen wir sagen, dass diese aus dem Heiraten kommen wird. In der Figur weisen uns der Glückspunkt im achten Haus darauf hin und Jupiter im siebten, der Reichtum durch Heirat gibt. Das Gleiche zeigt auch Venus im zweiten Haus an, die in gutem Wesen erhöht steht.
8. Die Sonnenlinie steht nicht wie sie sollte, weil hier jedoch

mehrere Linien parallel verlaufen, sollte man solches nicht geringschätzen, ungeachtet davon, dass die Sonne in der Geburtsfigur nicht glücklich erscheint.

9. Aus diesem allem ergibt sich viel Glück, Wohlfahrt, Ehre und Förderung. Das kann man zudem aus dem Tisch und den verschiedenen Kreuzen darin schließen.
10. Saturn macht sich durch seine Stellung bemerkbar, als wollte er einen tiefen Fall von einer Höhe verursachen, der eine Kopfverletzung befürchten lässt und auch Ehrverlust bedeuten könnte. Das zeigt die Linie zwischen dem Zeige- und Mittelfinger an, die nach dem Saturnberg verläuft und zweimal durchschnitten ist. In der Geburtsfigur wird das durch die Opposition von Saturn und Mond angezeigt. Weil aber Venus und Jupiter mit ihren Aspekten auf den Saturn seine Wirkung abschwächen, werden die Gefahren durch vornehme Menschen abgewendet.

Wie sich die Linien mit der Zeit verändern und aussehen, kann ich gegenwärtig nicht angeben. Wie oft angezeigt, ist dies bezüglich unseres Verfahrens ein gewisser Mangel.

11. Beispiel

Daten: Geburt eines Knaben am 11. Mai (jul.) 1581 um 1:00 Uhr am, LMT, in Augsburg. – Dem abgebildeten Geburtshoroskop liegt nach heutiger Berechnung 0:53 Uhr am, LMT, zugrunde.

Die folgenden drei Beispiele beziehen sich auf drei Brüder, von denen ich vor zwei Jahren in Regensburg Aufzeichnungen gemacht habe.

1. Die Lebenslinie wird von drei Linien klar durchschnitten. Sie zeigen schwere Krankheiten etwa um das 32., 40. und 45. Jahr an. Im 32. Lebensjahr bildet sich zwischen dem dirigierten Aszendenten und dem Geburtsmars ein Quadrat[29]. In Bezug auf den Aszendenten ist immer zu berücksichtigen, dass er im Geburtshoroskop mit dem Saturn in Konjunktion steht und diese bei einer Direktion stets mitnimmt.

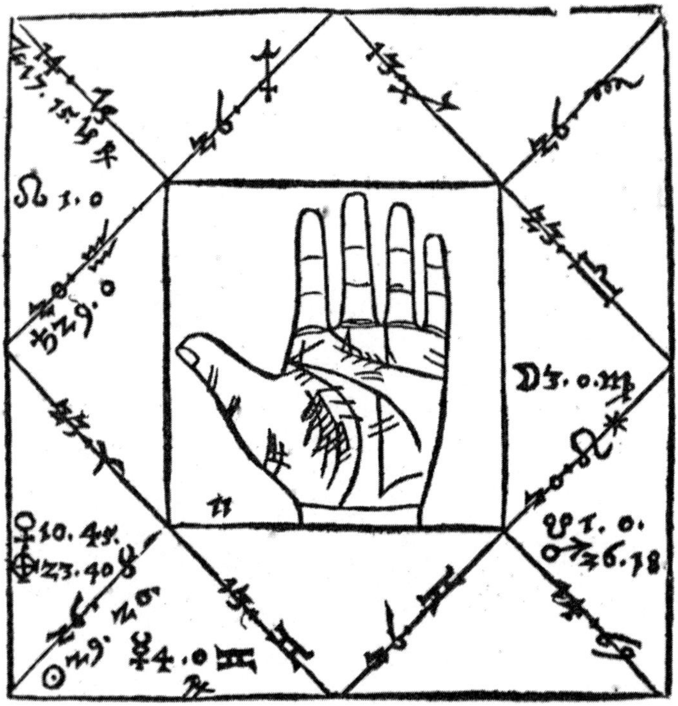

Beispiel 11a

Im 40. Jahr bildet der dirigierte Aszendent mit der Venus eine Konjunktion, die Krankheitsverläufe erleichtert. Im 45. Jahr bildet der dirigierte Saturn ein Quadrat zum Aszendenten.

2. Die Linie, die zwischen dem Mittelfinger und Zeiger beginnt und zum Saturnberg hinunterläuft, ist selbst zerschnitten. Sie zeigt dir Verwundungen am Haupt an und Gefahren, die vom Fallen oder Stürzen herrühren. Dafür spricht der Saturn, der in der Geburtsfigur ein Quadrat zur Sonne bildet, die wiederum bei den Hyaden[30] steht. Er feindet deshalb diese und den Mond durch eine Opposition heftig an.
3. Wegen des Saturneinflusses und seiner feindseligen Aspekte zu Sonne und Mond werden viele Unannehmlichkeiten und Hinderungen in Bezug auf die Arbeit angezeigt. Das kannst du auch an

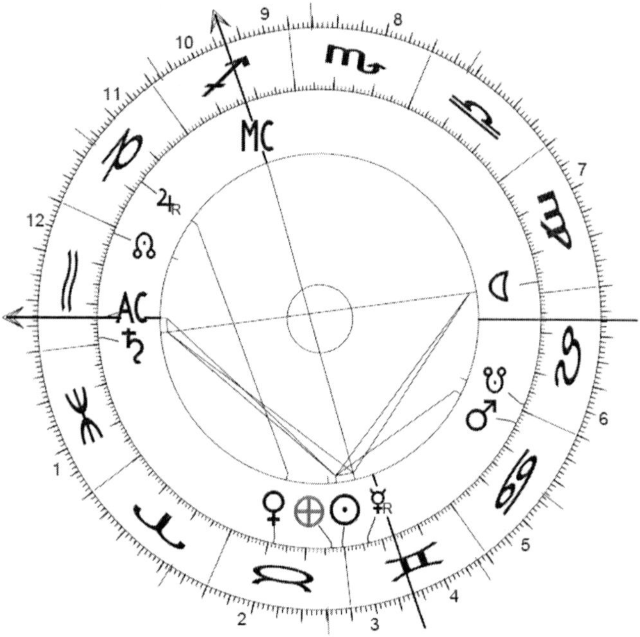

Beispiel 11b

der Linie ablesen, die sich in der Hand vom unteren Ende der Saturnlinie zum Widerschlag erhebt. Gleiches gilt für die Sonnenlinie, die einen Saturncharakter aufweist.

4. Die Venus steht in der Figur in ihrem eigenen Haus des Stiers und deshalb stark. Sie ist frei von Einschränkungen durch feindselige Planeten. Das liest du auch aus dem Venusberg, der feine Linien aufweist. Darum werden das Heiraten und andere Handlungen, die diesem Planeten zustehen, zu glücklichen Ergebnissen führen. Die kleinen Zweige an der Tischlinie zeigen ebenfalls Förderung und Reichtum an.
5. Der Merkur steht ebenfalls in glücklichem Wesen, da er in seinem Haus der Zwillinge und neben dem Auge des Stiers (Aldebaran)[31] gefunden wird. Das gilt umso mehr, da er im dritten Haus gefunden wird, wo er besondere Gewalt hat. Menschen mit solchem

Merkur lernen viele Dinge alleine durch sich selbst. Wegen ihres Fleißes und ihrer Geschäftigkeit erfinden sie vieles. Die Rückläufigkeit dieses Planeten kann dabei unberücksichtigt bleiben, da sie die Verstandestätigkeit nicht behindert. Merkuriale Tätigkeiten versprechen deshalb Erfolge. Auf dem Merkurberg findest du zwei kleine Linien. Sie deuten einen wachen Verstand an, der durch Jupiter, Venus, Saturn und den Tisch ergänzt wird.

6. Die Saturnia ist ganz gerade gezogen. Sie zeigt eine gesunde Natur sowie innere Stabilität und Sittlichkeit an. Die kleinen Querlinien, welche die Saturnlinie in der Höhlung des Mars durchschneiden, sprechen für saturnale (schicksalshafte) Unfälle und für eine cholerische Natur. Sie sind die Ursache für cholerische, das heißt für sehr hitzige Fieber.
7. Der Jupiter ist rückläufig. Er steht im Fall und in einem ungünstigen Haus, deshalb ist seine Wirkung schwach. Da sich aber der Mond auf ihn zubewegt und sich mit ihm vereinigt, gehört er neben Mars und Saturn zu den Herrschern der Figur. Daher findest du auf dem Jupiterberg eine feine Linie, die durchschnitten ist und einem Kreuz gleicht.

12. Beispiel

Daten: Geburt am 4. Juli (greg.) 1583 um 11:30 pm, LMT, in Augsburg. – Dem abgebildeten Geburtshoroskop liegt nach heutiger Berechnung 11:45 pm, LMT, zugrunde.

1. An der Lebenslinie findest du vor allem zwei Querlinien. Die untere gehört ungefähr zum 21. Lebensjahr. Diese Zeit, bei welcher der dirigierte Mond zum Saturn gelangt, bringt eine schwere Krankheit mit sich[32]. Die obere Linie zieht zum Jupiterberg hinauf. Weiter wird die Lebenslinie auch in der Mitte von mehreren Querlinien berührt. Sie zeigen Krankheiten um das 30. und 45. Jahr an. Der dirigierte Aszendent bildet um das 30. Lebensjahr zum Mars und um das 45. Lebensjahr zum Saturn jeweils ein Quadrat.

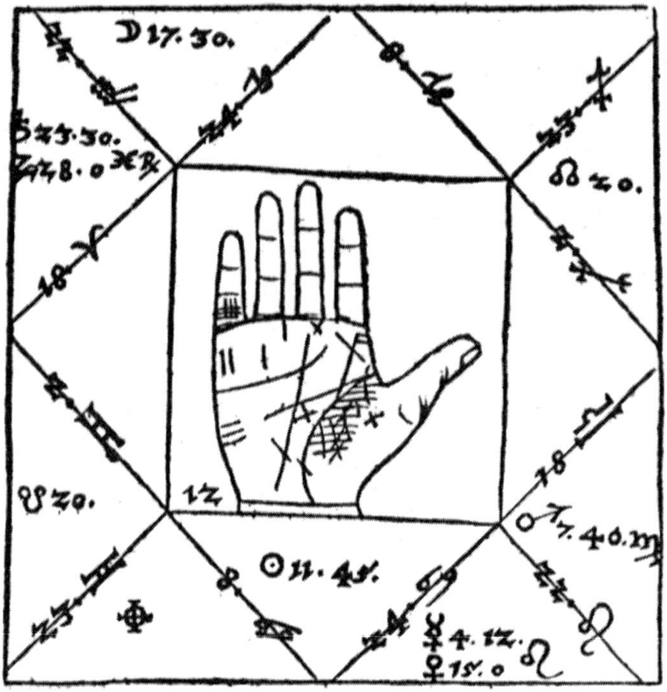

Beispiel 12a

2. Das Kreuz, das sich inmitten der Hand nahe der Lebenslinie befindet, verstärkt die martialische Natur des Knaben. An ihrem Zustandekommen hat denn auch der Mars seinen Anteil. Die Ursache liegt darin, dass sich im Geburtshoroskop der Mond vom Mars entfernt und gleichzeitig auf Sonne, Saturn und Jupiter zuläuft. Dadurch bildet der Mond einen Übertragungsaspekt, der sie mit dem Mars verbindet. Beachte den Planeten, von dem sich der Mond entfernt und auf welchen er zuläuft, denn dabei handelt es sich um eine Verbindung mit dem Geburtsgebieters.
3. Weil nun der Mond direkt auf Saturn und Jupiter zuläuft, herrschen beide mit derselben Gewalt, insbesondere, da es sich bei ihrer Verbindung um eine »große Konjunktion« handelt. Auf dem Jupiterberg findest du keine negative Signatur. Die Saturnia

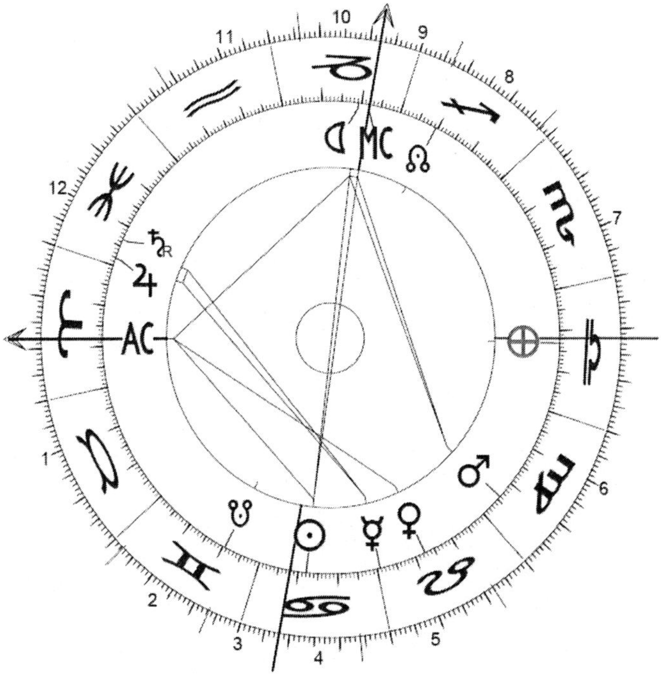

Beispiel 12b

(Saturnlinie) ist vollständig und vollkommen. Zu welchem Urteil man deshalb über die beiden Planeten kommen kann, wurde schon oben beschrieben.

4. Die Venus steht in der Geburtsfigur mit dem Merkur in einer nicht unglücklichen Konjunktion. Diese Verbindung erregt sehr die Wollust und Geilheit, umso mehr, da sie sich im Löwen befindet. In gleicher Weise findest du den Daumen oder den Bereich der Venus fein formiert. Das Kreuz dort verrät die Ehebrecherin.
5. Der Merkur macht sich von seinem Berg her unterstützend bemerkbar. Auch in der Geburtsfigur wird er in gutem Wesen gefunden, da er sich von der Sonne weg und auf die Venus zubewegt, bei der er steht. Aus dem allem sowie aus der Gestalt des

Tischs findest du gute Anlagen und Verstandeskräfte sowie einen ziemlich glücklichen Fortgang in all seinem Entschließen und Handeln.

6. Die Straße der Sonne, auch Ringfingerlinie genannt, ist deutlich sichtbar. Dementsprechend wird die Sonne in einem Eckhaus, beim Castor[33], und außerhalb böser Aspekte gefunden.
7. Die drei Linien am Widerschlag zeigen viele Reisen an. Die anderen Linien habe ich diesmal übergangen, obwohl nur noch wenige außer den beschriebenen vorhanden gewesen wären.

13. Beispiel

Daten: Geburt eines Knaben am 7. November (jul.) 1577 um 3:12 pm, LMT, in Augsburg. Dem abgebildeten Geburtshoroskop liegt nach heutiger Berechnung 2:57 pm, LMT, zugrunde.

1. Hier findest du die Saturnlinie vollständig und klar, wenn auch etwas schwierig durchgezogen. Daraus sollst du urteilen, dass der Planet große Gewalt in diesem Menschen hat und in seiner Geburtsfigur in gutem Wesen stehen müsste. Dementsprechend findest du ihn an der Spitze des Himmels, am Medium Coeli, und im Steinbock, der sein eigenes Haus (Zeichen) ist. Diejenigen Eigenschaften, welche diesem Planeten zugehören, wenn er gut gestellt ist, sollst du deshalb hier bedenken und dem Jüngling zusprechen.
2. Die Venus steht in der Himmelsfigur in dem ihr entsprechenden eignen Haus (Zeichen), in der Waage, nicht weit von Jupiter entfernt und an der Spitze des siebten Hauses[34]. Die Eigenschaften, die diesem Planeten zugeschrieben werden, wenn er in glücklichem Wesen gefunden wird, kannst du oben nachlesen und hier in gleicher Weise verwenden wie die Beschreibung des Saturns. Der Venusberg ist wohlgeformt und mit feinen Linien harmonisch gezeichnet. Weil du aus der Figur jedoch erkennst, dass der Saturn die Venus durch einen Quadratschein sehr behindert, verhindert er sehr, was dem Planeten Venus zugeschrieben wird.

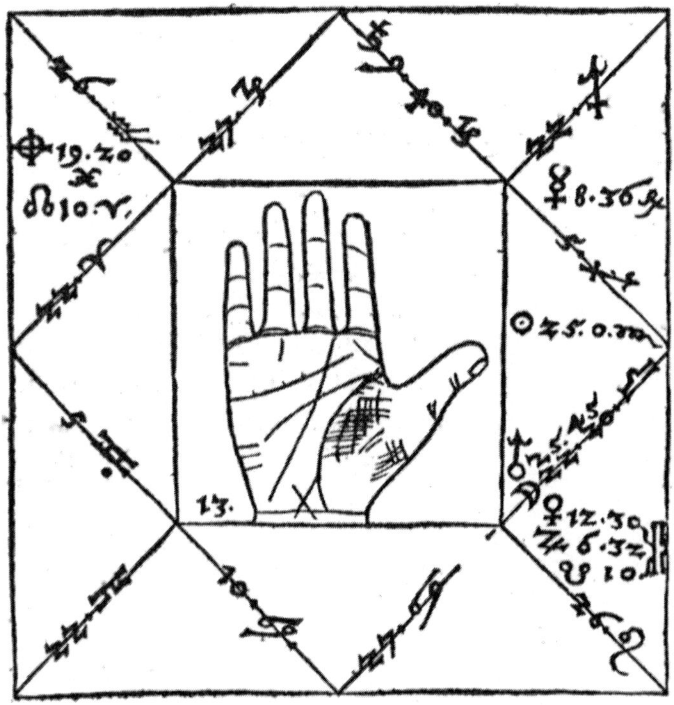

Beispiel 13a

3. Jupiter zeigt an seiner Stelle eine feine Linie, wie er auch in der Figur gut gestellt ist, weil er direkt bei der Venus gefunden wird. Ich sah häufig, wie die Venus-Jupiter-Konjunktion, wenn sie in einem für sie geeigneten Zeichen steht, großen Reichtum durch Frauen und Heirat mit sich brachte. Das wollen wir der hier vorgestellten Person auch vorhersagen.
4. Die Sonne findest du im siebten Haus jedoch in einem mittleren Wesen, da sie mit dem »Herzen des Skorpions«[35] untergeht. Auf dem Sonnenberg haben wir eine klare Linie, die Sonnenlinie genannt wird. Sie wird nicht behindert, warum sie die Gunst und Förderung durch vornehme Herren anzeigt.
5. Merkur ist in der Geburtsfigur rückläufig[36]. Er steht sowohl im Zeichen seines Exils wie in einem nachteiligen Haus. Deshalb

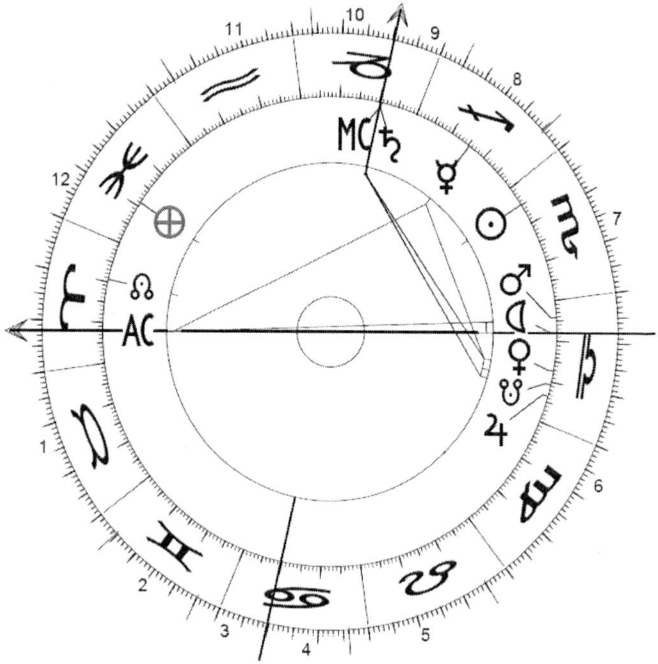

Beispiel 13 b

wird dieser Planet nur in einer geringen Gewalt gefunden. Folglich siehst du auf dem Merkurberg nur eine schwache Linie. Darum wird sich das Glück bei den Dingen, die diesem Planeten zustehen, nur minderwertig erzeigen.

6. Die Mittellinie, der Tisch und die Tischlinie sind gut geformt. Darum deuten sie keine größeren Hinderungen an, sondern helfen das Gute zu unterstützen.
7. Das Kreuz an der Restricta unten zeigt an, dass der Mensch ein geruhsames Alter erreichen wird. Das gilt umso mehr, weil die Lebenslinie vollständig gezeichnet und nicht durchschnitten ist. Sie spricht deutlich für eine gute Gesundheit und langes Leben, insbesondere, weil die anderen Hauptlinien damit übereinstimmen. Durch ihre Stellungen in der Geburtsfigur erscheinen der Mond

und die Sonne ungehindert, darüber hinaus erreicht der Aszendent in der Direktion innerhalb von sechzig Jahren keinen bösen Aspekt mit Saturn oder Mars.
Mars steht beim Mond im siebten Haus und spricht für viele Auseinandersetzungen in der Ehe. Von den beiden Planeten gibt es in der Hand keine besonderen Anzeichen, deshalb ist der Mond von geringer Bedeutung.

14. Beispiel

Daten: Dieser Knabe ist am 3. Dezember (jul.) 1586, das entspricht dem 13.12. (greg.), um 7:30 am, LMT, vormittags in Thüringen auf 51°30′ N geboren. Dem abgebildeten Geburtshoroskop liegt nach heutiger Berechnung 7:28 am, LMT, und der Ort Nordhausen zugrunde.

Beim fünften Beispiel unserer Praxis hatten wir fast die gleiche Himmelsfigur, weil der Aszendent bei nahezu derselben Geburtszeit im gleichen Zeichen stand. Die Geburten liegen nur fünf Tage auseinander, sodass sich der größte Unterschied in der Stellung des Mondes ergibt. Die Handlinien sind sich jedoch nicht gleich oder ähnlich.

1. Wie im fünften Beispiel findest du auch hier die Lebenslinie in der Mitte durchschnitten. Weil die Querlinie in die Höhlung des Mars hinüberzieht, zeigt sie wiederum ein gefährliches hitziges Fieber sowie Gefahren auf Reisen durch Räuber, wie oben schon dargestellt. Darauf weist der Mars im neunten Haus klar hin. Er bildet zur Sonne und zu Merkur ein Quadrat. Das mag mit dem 33. Lebensjahr zusammenstimmen, wenn die dirigierte Sonne in ein Quadrat zum Saturn schreitet[37]. Der Aszendent läuft in den Quadratschein des Mars um das neunte und elfte Jahr. Der oberste Durchschnitt durch die Lebenslinie fällt etwa in das 42. Lebensjahr, wenn der Aszendent den Quadratschein des Saturns erreicht.
2. Das Kreuz in der Höhlung des Mars untermauert die martialische Natur. Die andere Linie, die vom Kreuz hinunterläuft, bedeutet,

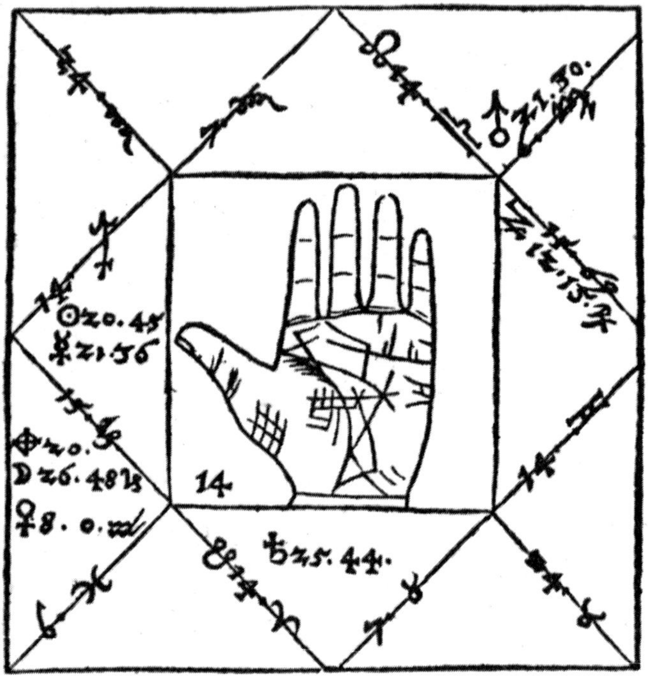

Beispiel 14a

dass der Mensch sein Leben außerhalb der Heimat verbringen soll.

3. Das enge Dreieck zeigt eine begrenzte Vorstellungskraft und Kleinmut an. Im Gegenspiel kommen ihnen jedoch der Tisch sowie die Planeten Jupiter und Venus zur Hilfe, obwohl sie nur in einem mittleren Wesen gefunden werden. An dieser Stelle magst du dich vielleicht fragen, wie es kommt, dass hier auf dem Jupiterberg Linien gefunden werden, während im fünften Beispiel keine vorhanden sind, obwohl beide denselben Aszendenten besitzen und Jupiter bei beiden Figuren vorherrscht. Die Ursache liegt darin, dass hier der Neumond der dominante Herrscher ist[38], während im fünften Beispiel der Neumond noch nicht eingetreten war, weshalb die Gewalt des Jupiter dort noch nicht so mächtig war.

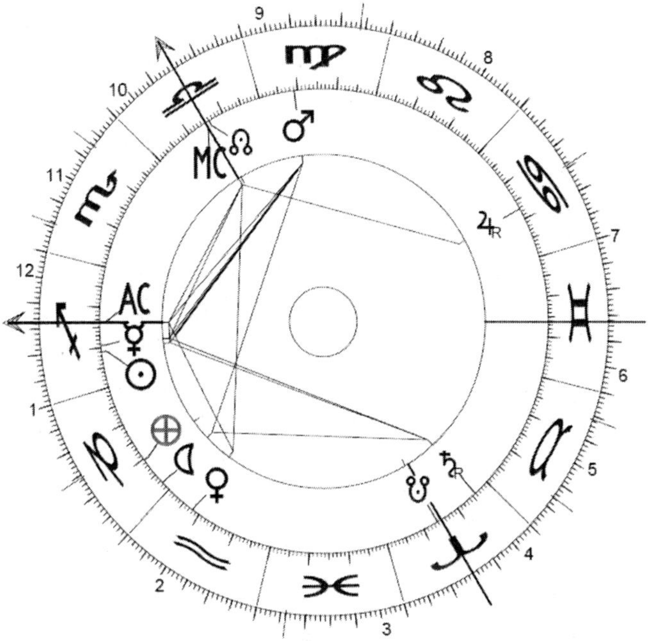

Beispiel 14b

4. Weil die Linien auf dem Jupiterberg durchschnitten sind, zeigen sie große Widerstände beim Erlangen von Ehren und Würden an. Jupiter ist in der Figur gut gestellt, Sonne und Mond werden jedoch durch die Quadrate von Mars und Saturn stark eingeschränkt. Dadurch werden viele Feindschaften, Unannehmlichkeiten und sogar ein plötzlicher Tod angezeigt. Die Linie, die sich durch die Lebenslinie, die Höhlung des Mars und die Mittellinie zieht, zeigt eine Gewalttat mit Verwundung an, die möglicherweise mit einem Fall von einer Höhe verbunden ist. Das unterstreicht die Linie, die zwischen dem Zeiger und Mittelfinger beginnt, über den Saturnberg nach unten abfällt. Dort verbindet sie sich mit einer anderen Linie, die dann die Tischlinie durchschneidet.

5. Die Venus steht in der Hand in einem mittleren Wesen, weshalb es über diesen Planeten hier wenig zu erörtern gibt. In der Geburtsfigur wird sie ebenfalls in geringen Würden gefunden.
6. Auch der Merkur erscheint an seiner Stelle dunkel, das heißt, die Linien sind auf seinem Berg kaum sichtbar. Dasselbe gilt für die Sonnenlinie. Entsprechend werden in der Figur Merkur und Sonne durch ein Marsquadrat stark eingeschränkt.
7. Am Widerschlag zeigen andere kleine Linien viele Reisen an, wie wir schon häufig berichtet haben: In der Geburtsfigur steht Merkur als Herrscher des neunten Hauses im Schützen. Dieser ist gleichzeitig das Zeichen des Aszendenten. Weiter befindet sich der Aszendenten-Herrscher Jupiter erhöht im Domizil des Mondes, im Krebs. Durch die Betonung des neunten Hauses und des Schützen sowie des Jupiters im Zusammenhang mit dem Mond, wird eine starke Reiseneigung angezeigt.

15. Beispiel

Daten: Der Bruder des vorigen Beispiels ist am 4. Mai (greg.) 1589 um 4:00 am, LMT, morgens in Thüringen auf 51°30’ N geboren. Dem abgebildeten Geburtshoroskop liegt nach heutiger Berechnung 3:54 am, LMT, und der Ort Nordhausen zugrunde.

Bei diesem Knaben habe ich die Linienbilder der beiden Hände sehr unterschiedlich gezeichnet gefunden.

1. In der rechten Hand findest du zwar eine Hepatika oder Mittellinie, doch sie ist sehr kurz. Das zeigt ein kurzes Leben an, insbesondere, weil die Lebenslinie von einer anderen Linie durchschnitten wird. Diese stößt in ihrem weiteren Verlauf an das

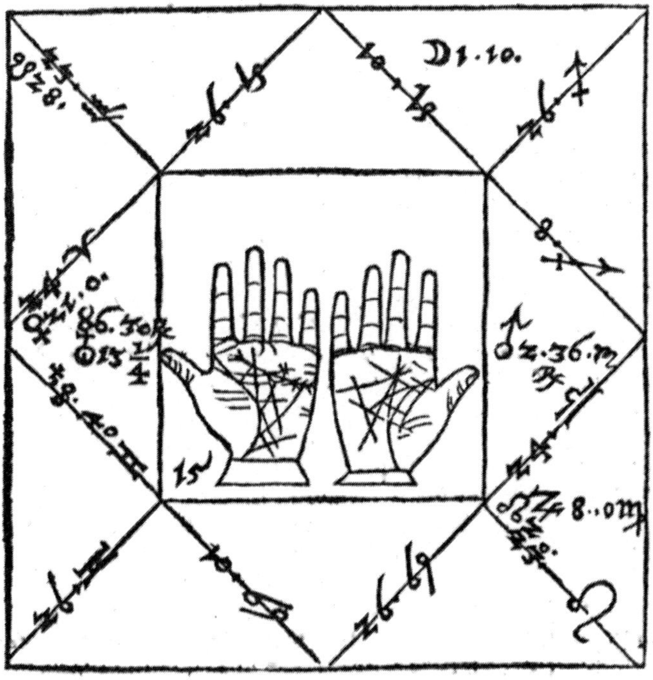

Beispiel 15a

Ende der Mittellinie. Zusätzlich geht in beiden Händen vom Saturnberg eine Linie hinunter, die an die Lebenslinie stößt oder sich mit ihr vereinigt. Sie zeigt den Tod oder eine Todesgefahr durch den Planeten Saturn an. Diese Durchschnitte gehören in etwa zum 24. oder 25. Lebensjahr[39]. Zu dieser Zeit bewegt sich der dirigierte Aszendent zum Saturn, der in den Zwillingen steht. Das ist bei 0°40', wobei seine Breite 1°54' beträgt und der Winkel der schiefen Aufsteigung 34°36'.

2. In der linken Hand findest du keine Mittellinie. An ihrer Stelle laufen zwei Linien zur Tischlinie, die Leberschwäche, einen widerspenstigen Verstand und zerrüttete Sitten anzeigen.
3. In der Himmelsfigur ist Venus als Herrin des eingeschlossenen Zeichens Stier zusammen mit Mars die Regenten des Aufgangs.

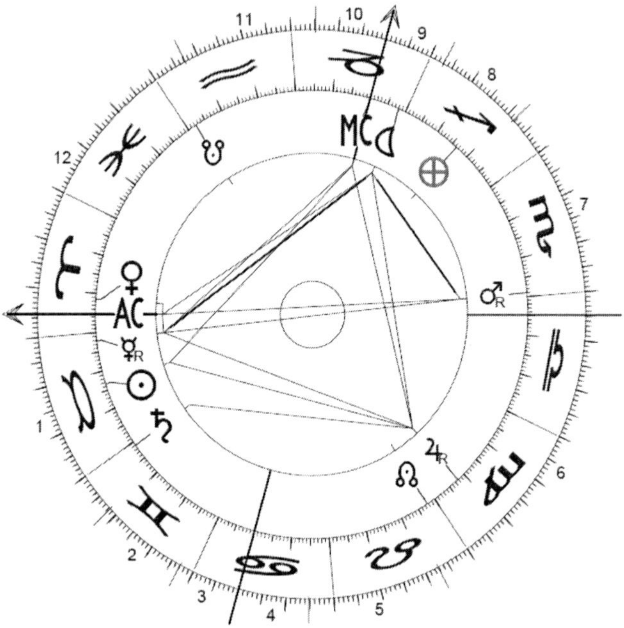

Beispiel 15b

Sie geben ein gutes Vorstellungsvermögen und gutes Verständnis. Weil die Venus im Widder jedoch keine Gewalt hat und ihr Mars durch seine Dominanz beispringt, reizt sie zur Üppigkeit, zum Mutwillen sowie zu anderen Lastern, und das umso mehr, da der Mars den Merkur durch seine Opposition belastet. Er macht widerspenstig, trotzig und zänkisch.

Meines Erachtens wird das durch das unschöne Linienbild in der linken Hand klar bestätigt. In der rechten Hand findest du eine Marslinie, welche die Lebenslinie begleitet. Sie zeigt an, dass der Mars im Geburtshoroskop stark steht, was sich auch bestätigt. Die Rückläufigkeit bringt aber große Schwierigkeiten und Unzufriedenheit insbesondere im Alter mit sich. Darüber hinaus zeigt die Marslinie großen Zorn und Ärger an. In der linken Hand findest du diese Linie nicht.

Merke dir deshalb: Wenn im Linienbild der beiden Hände keine Übereinstimmung besteht, gibt es auch zwischen den angeborenen Gewohnheiten und den Handlungen keine Übereinstimmung.

4. Dem Verstand kommen die Linie des Hauptes und der Merkurberg zur Hilfe. Dieser ist jedoch nur durch wenige Linien gezeichnet. Auf dem Venusberg habe ich zu dieser Zeit lediglich drei klare Linien gefunden. Das Wesen dieser Planeten ist aus der Geburtsfigur und der Hand gleichermaßen zu ersehen. Der rückläufige Merkur steht im ersten Haus und in Opposition zum Mars. Ihm kommt ein Jupitertrigon zur Hilfe. Über die Venus wurde schon gesagt, dass sie nicht glücklich steht. Darum kommt dem Menschen vom Merkur wenig oder gar nichts an Unterstützung zu.
5. Die Linie, die aus der Höhlung des Mars und der Handmitte zur Restricta und zum Widerschlag hinuntergeht, zeigt an, dass der Knabe im Ausland bleiben soll. Auch die Himmelsfigur spricht für viele Reisen, da Jupiter als Herr des neunten Hauses vom Domizil des Merkurs beherbergt wird. Darüber hinaus steht der Mond in neun. Saturn befindet sich ebenfalls im Domizil des Merkurs, während sich Merkur selbst im ersten Haus im Stier, im Erhöhungszeichen des Mondes, befindet.
6. Durch die Milchstraßenlinie, die in der linken Hand zum Widerschlag geht und von zwei Linien durchschnitten wird, werden viele Hindernisse im Tun und im Fortgang angezeigt. Was Mars im siebten Haus in einem solchen Fall bedeutet, wurde mitbedacht.
7. Jupiter zeigt an seinem Ort, auf dem Jupiterberg, nur eine schwache Linie, in der Geburtsfigur finden wir ihn ebenfalls schwach gestellt. Dennoch bildet er mit Mond, Sonne und Merkur ein Trigon, das oft großes Glück mit sich bringt. Sonne, Mond, Merkur und Jupiter den jedoch in geringen Würden gefunden und zusätzlich von Saturn und Mars eingeschränkt. Deshalb werden die Anzeige, der Eindruck und das Urteil bezüglich des Glücks sehr verdunkelt und zunichtegemacht.

Aus diesem und aus anderen Beispielen, die in beiden Händen sehr unterschiedlich geformte Linien zeigen, ist zu ersehen, wie die Natur bei der Linienbildung in zweifacher Weise angegriffen hat.

Daraus kann man schließen, dass der Knabe in seinem Leben zu keinem eindeutigen Handeln oder zu keiner klaren Lebensführung geboren ist. Im vorliegenden Beispiel zeigt die rechte Hand eine Neigung zum Kriegswesen an, die andere Hand aber zu Tätigkeiten, die der Venus zugehören.

Um zu beurteilen, in welchen Tätigkeiten die Menschen mehr Glück haben sollen, beachte man die Form und Gestalt der Linien, welche davon mehr durchschnitten und welche klarer und deutlicher sind.

Es ist mir auch ein Fall vorgekommen, bei dem in der einen Hand die Mittellinie oben an die Lebenslinie gestoßen ist. In der anderen Hand war an dieser Stelle oben zwischen den Linien ein freier Abstand, während die Tischlinie mit der Mittellinie verbunden war, was unheilvoll ist. Um das alles gründlich zu erörtern, müssten jedoch nicht wenige Beispiele und Beobachtungen mit ihren Zufälligkeiten eingeführt werden, wozu viel Fleiß und Zeit gehört.

16. Beispiel

Daten: Geburt eines Knaben am 24. März (jul.) 1586, angegebene Zeit 3:11 am, LMT, am Morgen. (Anmerkung: Die Werte im alten Schaubild entsprechen dem 3. April (greg.) um 3:15 am, LMT, nach Mitternacht. Der Ort liegt in Thüringen auf 51°15′ N, der bei Beichlingen sein könnte. Dem abgebildeten Geburtshoroskop liegt die Berechnung 3:14 am, LMT, zugrunde.

In diesem Beispiel habe ich wiederum die Zeichnungen beider Hände abgebildet, weil die Tischlinie und die Nebenlinien in der linken Hand eine etwas andere Form haben.

Weiter vorne im Buch haben wir die Regel eingeführt, welche die Frage betrifft, ob bei Knaben und Männern die linke oder rechte Hand zu betrachten sei. Wegen dieser kommen wir zu Schluss, dass wir beim vorliegenden Beispiel beide Hände betrachten müssen. Die

Begründung liegt darin, dass die Nachtgeburt sowie das Zeichen und die Stellung des herrschenden Planeten Saturn im Krebs in Hinblick auf das (weibliche) Geschlecht gleich ausgerichtet sind. Weil das nicht jeder verstehen könnte, führen wir es hier nicht weiter aus.

1. Zunächst finden wir die Venus mit ihren Linien und feinen Zeichen wohl und richtig geformt, insbesondere, weil ein klares Sternchen an ihren beiden Orten (Berge) zu sehen ist. Deshalb sollte jeder verstehen, dass diesem Knaben die Venus bei der Geburt wohl beisteht. Das erkennen wir daran, dass die Venus im ersten Haus in den Fischen erscheint, in denen sie ihre Erhöhung besitzt. Deshalb ist hier alles zu notieren, was man diesem Planeten an glücklichem Wesen zuschreibt. Das gilt umso mehr, weil die Venus das Erzeugen der Liebe dominiert. Außerdem bewegt sie sich auf den Merkur zu.
2. Jupiter steht in dieser Figur ebenfalls mächtig und gut, weil er sich in seinem eigenen Zeichen, dem Schützen, befindet. Zudem läuft er durch das elfte Haus, wo er seine besondere Freude[40] hat. In beiden Händen lässt Jupiter auf seinem Berg feine Linien beobachten, die jeweils ein doppeltes Kreuz bilden. Deshalb gehört nun das eingesetzt, was dem Planeten an Einfluss oben zugeschrieben wurde. Weil wir die zwei Planeten Jupiter und Venus als die Hauptherrscher des Geborenen vorfinden, werden sie bei dem Knaben mit der Zeit viel Glück und Gutes verursachen.
3. Der Saturn in der Geburtsfigur treibt in die Gefangenschaft. Er ist Herrscher des zwölften Hauses und befindet sich außerdem zum Schaden der beiden anderen im sechsten Haus. Die Linie, die vom Saturnberg in die Handmitte hinuntergeht und einen Haken oder eine Krümmung zum Widerschlag hin macht, zeigt das klar und deutlich an. In der linken Hand siehst du das nicht, hier läuft die Linie lediglich hinab und durch die Hand. Die Mensalis wird noch von einer anderen Linie durchschnitten, die ebenfalls vom Saturnberg in die Hand hinabführt. Das Medium Coeli schreitet in der Direktion mit 36 oder 37 Jahren in die Opposition zum Saturn[41]. In dieser Zeit ist von ihm Schaden zu erwarten.

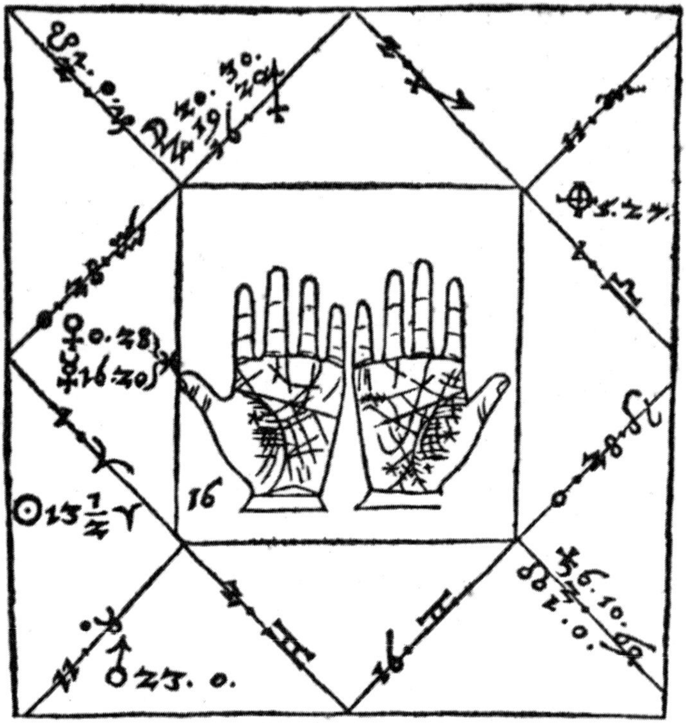

Beispiel 16a

4. Da Merkur im ersten Haus nicht weit von der Venus gefunden wird, fällt ihm ein gutes Maß an Gewalt zu. Weil er aber im gleichen Zeichen wie die Venus in den Fischen nicht gut steht, sondern geschwächt, müssen wir ihm eine mittlere Stärke zuschreiben. Obwohl er also für den Knabe eine Neigung zum Studieren und zu den Künsten bringt, ist aus der Venus leicht zu schließen, dass sie ihn durch Sinnlichkeit, Wollust oder frühzeitige Heirat vom Studieren abbringen wird. Der Merkur lässt sich in der Hand an seinem Berg zwar ablesen, er erscheint aber nicht ganz deutlich.

Beispiel 16b

5. Die Sonnenlinie ist von einer Linie durchschnitten, die vom Hügel der Sonne zum Venusberg läuft. Daraus können wir schließen, dass das Ansehen des Menschen von einem Venus-Einfluss behindert wird. Jupiter ist jedoch Herrscher des kulminierenden Hauses, des MCs und damit einer glücklichen Gesamtentwicklung. Zusammen mit der Venus im ersten Haus dominieren beide das Geburtshoroskop. Deshalb wird die Förderung zur Erlangung von Ehren und Würden nicht völlig verhindert werden. Da der Saturn durch einen Quadratschein der Sonne widerstrebt, wird im Leben dennoch mit einer ganzen Reihe von schwierigen Umständen zu rechnen sein.
6. In der linken Hand findest du Linien, die mitten aus der Hand zum Widerschlag und zur Restricta hinunterlaufen. Sie zeigen

viele Reisen an und dass der Mensch die meiste Zeit seines Lebens außerhalb des Vaterlandes zubringen soll. Da sie aber durchschnitten sind und sich in der rechten nicht sehen lassen, bedeutet das, dass es ihm nicht wirklich gelingt, sich im Ausland niederzulassen. Wenn ich von Heimat spreche, verstehe ich darunter nicht nur das Vaterland, sondern auch das Fürstentum, die Provinz oder Nation der Geburt.

In der Geburtsfigur steht der Saturn als Herrscher des Aszendenten im Krebs im Exil, zudem im sechsten Haus und damit nicht gut. Dazu befindet sich der Mars als Herrscher des neunten Hauses im Stier ebenfalls im Exil. Deshalb ist in fremden Ländern mit wenig Glück zu rechnen.

7. Die Cephalica ist deutlich gezeichnet, weshalb ihm der Verstand und Einfallsreichtum zur Hilfe kommen.
8. Die Tischlinie ist in der rechten Hand schön gezeichnet, in der linken ist sie etwas kurz geraten, sodass sie den Merkurberg nicht mit einschließt. Das bedeutet während einer bestimmten Zeit eine schwere Krankheit, welche in der ersten Lebenszeit den unteren Bauch- oder Leibbereich und insbesondere die Geschlechts- oder Fortpflanzungsorgane betrifft.
9. Die Mittellinie (Kopflinie) der linken Hand ist so lang, dass sie bis zur Handkante durchgeht. In der rechten ist sie viel kürzer. Deshalb zeigt sie in der rechten ein kürzeres Leben an als in der linken. Wenn diese Linie gar durch die Handkante geht, bedeutet das ein hohes Alter bis an die 80 Lebensjahre und mehr. Wenn Steinbock oder Wassermann als Aszendent gefunden werden, pflegen sie sehr alte Menschen zu geben, wenn die anderen Planeten mit dem Saturn zusammenstimmen. Sie werden jedoch viel Mühe und Arbeit aushalten müssen.
10. Die Lebenslinie ist, was ihre Gestalt und Querlinien angeht, in beiden Händen gleich. An ihrem Anfang sind kleine Fasern, das heißt, verwirrte Linien, die wie Haarbüschel aussehen. Deshalb ist eine kleinere Krankheit nach der anderen zu erwarten. Andere Querlinien ergeben sich um das 14., 21., 25. und 32. Lebensjahr[42]. Der dirigierte Aszendent bildet im 32. Jahr ein Quadrat zum

Saturn. Zu dieser Zeit wird sich eine sehr heftige und länger anhaltende saturnische Krankheit zeigen.
Schließlich findest du im oberen Bereich der Lebenslinie eine weitere Querlinie, die sich im 56. Jahr[43] ergibt. Da zu dieser Zeit der dirigierte Aszendent auf den Mars trifft, wird dieser ein gefährliches und hitziges Fieber oder einen Schlaganfall mit sich bringen. Da der oben Geborene die Krankheit im angegebenen Jahr auszustehen oder zu überwinden hat, kann es eine Hilfe sein, wenn er zuvor gewarnt wurde, damit er das Richtige tut. Dann mag er zu einem hohen Alter kommen.

17. Beispiel

Daten: Geburt eines Knaben am 21. September (jul.) 1588, das entspricht dem 1. Oktober (greg.) um 7:00 am, LMT, nach Mitternacht. Der Ort liegt wahrscheinlich in Sömmerda/Thüringen auf 51°10' N. – Dem abgebildeten Geburtshoroskop liegt die Berechnung 6:51 am, LMT, zugrunde.

1. Dass die Venus beim Geborenen gut gestellt ist, siehst du abermals am Venusberg, der mit kleinen Rissen und Querlinien wie verziert erscheint. Unter ihnen entdecken wir wiederum einen Stern. Die Venus steht im ersten Haus auf der Horizontlinie in ihrem eigenen Zeichen und nicht weit von Spica, dem Hauptstern des Sternbildes der Jungfrau, entfernt. Neben den anderen Eigenschaften, welche diesem Planeten zugeschrieben werden, verleiht sie sehr gute Verstandeskräfte und Einfälle, was wir schon weiter oben im Kapitel über die Venus beschrieben haben. Ihr schiefer Aufgang liegt bei 202°15' und sie geht auf bei 15°45' Waage.
2. Merkur macht sich durch seinen Berg deutlich bemerkbar, indem sich neben anderen kleinen Linien ein klarer Stern und ein Kreuzlein zeigen. In gleicher Weise wird er auch in der Geburtsfigur im eigenen Tierkreiszeichen Jungfrau glücklich gefunden. Darum nenne ich den Geborenen einen Venusisten und Merkurialisten.

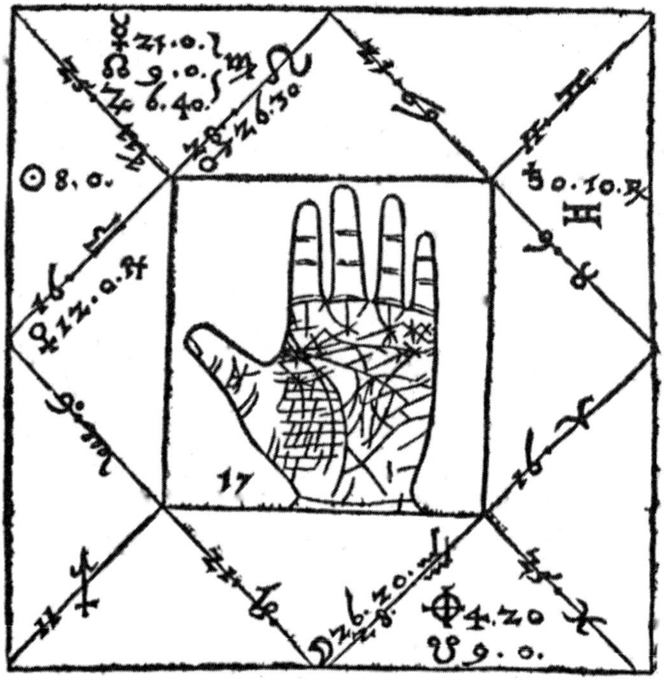

Beispiel 17a

3. Dennoch macht sich auch der Mars bemerkbar, weil wir parallel zur Lebenslinie eine Begleit- oder Marslinie finden. Du solltest jedoch wissen, dass diese Linie beim Knaben nicht besonders breit und deutlich zu sehen war, sondern subtil. In der Figur steht der Mars beim Fixstern Cor de Leonis, dem »Herzen des Löwen«. Er macht beherzt, aber auch zornig und unkeusch.
4. Jupiter lässt sich an seinem Ort sehen, weil dieser mehrere feine Zeichen aufweist. In der Figur steht er in der Jungfrau zwar beeinträchtigt, er bewegt sich jedoch auf den Drachenkopf und den Cauda Leonis, den »Löwenschwanz« zu. Seine Stellung im elften Haus bringt unverhoffte Förderung und Glück mit sich.
5. Die Sonnenlinie ist zweifach durchschnitten. Sie empfängt den Dank von ihm nahestehenden und einflussreichen Magnaten.

6. Das Dreieck, der Tisch und die Tischlinie, die Hepatika und die Mittellinie sind alle wohlgeformt. Weil sie jedoch von anderen Linien durchschnitten und durchkreuzt werden, zeigen sie nicht nur eine Schwäche der Leber an, sondern auch bei vielerlei Geschäften, bei denen es nicht ohne Zank und anderen Schaden abgehen wird. Letztlich werden sie aber einen guten Ausgang nehmen. Das geben Venus, Merkur und Jupiter zu verstehen.
7. Die Cephalika ist ebenfalls wohlgeformt und geht auf den Lunaberg. Sie zeigt gute Verstandeskräfte, Erfindungsreichtum und ein gutes Gedächtnis an. Darüber hinaus spricht sie für glückliche und vielfältige Reisen zu Wasser und zu Land. Das zeigt auch Merkur in seinem eigenen Zeichen an, zumal er Herrscher des neunten Hauses ist.
8. Am Widerschlag befinden sich noch mehr Linien, die Reisen andeuten. Einige kommen aus der Höhlung des Mars. Daraus lässt sich schließen, dass sie der Mars durch sein Ungestüm verursachen wird. Das sieht man auch aus der Geburtsfigur, weil er den Planeten Luna durch seine Opposition heftig anfeindet. Das Gleiche geschieht durch Saturn. Sie werden Probleme mit sich bringen, welche die Ehe und die gesellschaftliche Stellung betreffen.
9. Aus der Abbildung lässt sich erkennen, dass von der Mitte der Restricta eine Linie zum Merkurberg hinaufgeht. Sie ist deutlich gezeichnet und wird mit der Zeit noch besser sichtbar werden. Die Linie zeigt geschickte und erfinderische Verstandeskräfte für selbst geschaffene Dinge an. Das deutet auch der Merkur an, wie schon vorhergesagt wurde. Dieser Knabe wird eine besondere Neigung, Lust und Liebe für die Mathematik haben. Alles, was zu diesem Fachgebiet gehört, wird ihm liegen, und er wird sich darin glücklich entwickeln, insofern sich nicht die Venus zu sehr bemerkbar macht.
10. Des Weiteren verläuft eine Linie von der Lebenslinie durch die Höhlung des Mars und die Mittellinie bis an den Widerschlag im

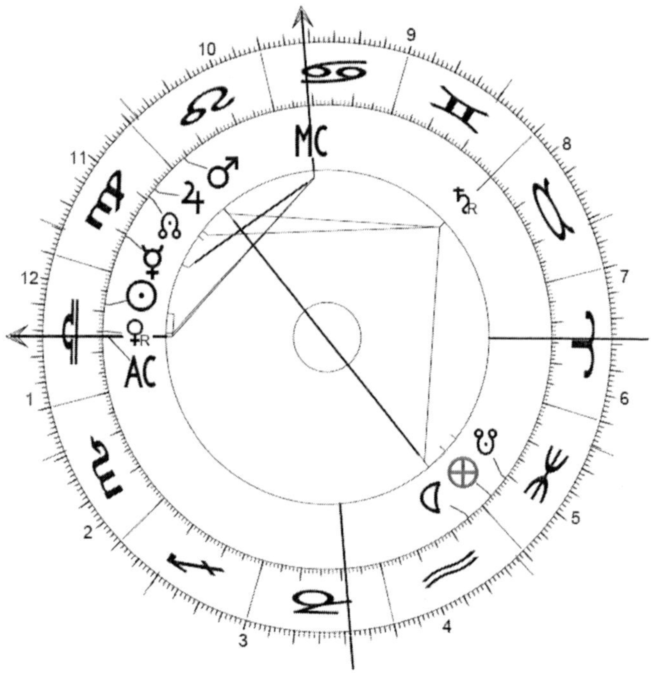

Beispiel 17b

Bereich des Handtisches. Sie wird in der Mitte von mehreren Linien durchschnitten. Das zeigt eine Hitze (Entzündung) der Leber an, die nicht geringe Krankheiten und Blutungen verursacht, weil die Vitalis und die Hepatika durchschnitten sind. In der Geburtsfigur stehen sich Luna und Mars misstrauisch gegenüber. Darüber hinaus empfangen Mars und Jupiter ein Saturnquadrat.

11. Auf dem Saturnberg findest du eine Linie. Sie wird von einer anderen durchschnitten, die zwischen dem Zeige- und Mittelfinger beginnt und herabfällt. Die Linie bedeutet Wunden, insbesondere am Haupt, oder ein Fallen von hohen Gebäuden. Dies rührt offenbar von der Luna her, welche die Himmelsmitte dominiert und die vom Mars und Saturn heftig bedrängt wird.
12. Die Lebenslinie wird häufig und von vielen anderen Linien

berührt, an manchen Stellen sogar durchschnitten. Sie zeigt deshalb um das 14., 20., 24., 30. und 48. Jahr Krankheiten an. Der Mensch sollte vor allem um das 20., 21. und 24. Lebensjahr[44] vorsichtig sein. Zu dieser Zeit erreicht der dirigierte Aszendent das Ende der Waage, für den die Grenzen des Mars zuständig sind. Danach betritt er ein anderes Tierkreiszeichen, in dem der Aszendent acht Jahre bleibt.

Zeigt sich der Saturn im Geburtshoroskop feindlich, macht er sich sehr bemerkbar, wenn er den gesamten Tierkreis durchlaufen hat und wieder in dasselbe Zeichen kommt, in dem er bei der Geburt gestanden hat. Das geschieht um das 29. und 30. Lebensjahr.

Gelangt der dirigierte Aszendent um das 56. und 57. Jahr in das Quadrat zum Mars sowie um das 60. und 61. Jahr in Opposition zum Saturn, wird der Geborene keine geringe Krankheit ausstehen müssen.

An der Lebenslinie findest du Querlinien, die zu diesen Jahren passen, was uns verwundern kann, was wir aber auch bei anderen Beispielen gefunden und für diese bewiesen haben. Das habe ich auch oft an Leuten ausprobiert, die mir ihre Hände gezeigt haben und bei denen ich zuweilen um kaum ein Jahr gefehlt habe.

Weil beim Geborenen die Venus im Osten steht und in der Direktion immer mit dem Grad des Aszendenten fortschreitet, besteht gute Hoffnung, dass sie die Widerstände des Mars und Saturn verhindert und sein Leben bis in das 63. Lebensjahr und darüber hinaus verlängert.

18. Beispiel

Daten: Geburt eines Knaben am 8. Mai (jul.) 1589, das entspricht dem 18. Mai (greg.) laut Angaben um 1:45 Uhr pm, LMT, nachmittags / Thüringen auf 51°10'N. Dem abgebildeten Geburtshoroskop liegt der Ort Sömmerda zugrunde und nach heutiger Berechnung 1:42 pm, LMT.

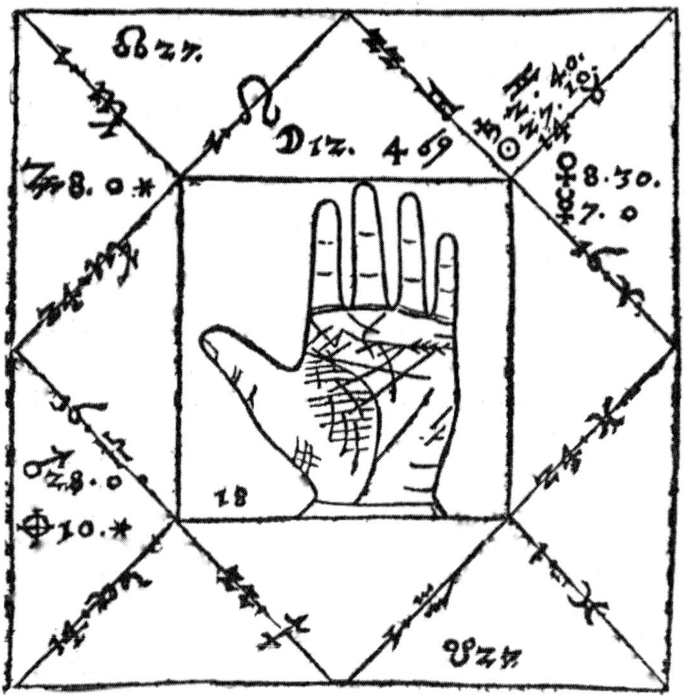

Beispiel 18a

1. In der Geburtsfigur findest du, dass sich hauptsächlich Jupiter, Venus und Merkur die Vorherrschaft anmaßen. Auch Jupiter und Venus machen sich in der Hand deutlich bemerkbar, Merkur jedoch nicht so stark. Deshalb lässt sich herauslesen, was die Venus in glücklichem Wesen mit sich bringt, während sich Jupiter und Merkur nur in mittlerem Wesen befinden. Da der Merkur eine Linie von seinem Hügel aus durch die Hand bis auf den Venusberg hinuntergehen lässt und diese eine Schwesterlinie neben sich hat, ist der Merkur dem Jupiter an Gewalt und Würden überlegen. Das gilt insbesondere, weil er in der Himmelsfigur mit der Venus glücklich verbunden ist. Deshalb soll der Knabe ein geschickter, künstlerischer und beredsamer Mann werden.
2. Daraus lässt sich leicht ein schneller und reger Verstand

ermessen. Damit stimmen auch der Tisch und das Dreieck überein.

3. Die zwei Linien, die sich unter dem Sonnen- und Merkurberg von der Tischlinie zum Venusberg hinabziehen, zeigen Glück, Ehre und Förderung im eigenen Vaterland an. Sie betreffen Dinge, welche der Venus und dem Merkur zugeschrieben werden, die also der Kunst und den Erfahrungen auf den Gebieten der Poesie, Musik und Mathematik angehören.
4. Luna steht in ihrem eigenen Zeichen Krebs wohl und nahe am Medium Coeli. Darum zeigt sie glückliche Reisen und eine förderliche Liebesheirat an. Am Widerschlag findest du schön gezeichnete Linien, die sich später besser sehen lassen, nämlich dann, wenn die Zeit zum Wandern und Ausreisen notwendig sein wird.
5. Die kleinen Häkchen an der Tischlinie unten zeigen einen Mangel durch die Verschwendung von Besitz an, obwohl sich der Glückspunkt im zweiten Haus befindet. Das findest du in der Geburtsfigur durch den Mars ausgedrückt, der neben ihm im zweiten Haus nicht gut steht. Die Venus als Herrin des zweiten Hauses wird den Besitz jedoch durch ihren glücklichen Stand zurückerstatten, zum Beispiel durch eine ersprießliche Heirat und einen Erbfall.
6. Der Saturnberg zeigt durch seinen Charakter einen Unfall mit Wunden an, die wahrscheinlich durch ein Fallen von hohen Gebäuden verursacht werden. Die Linie, die unter dem Saturnberg von der Tischlinie durch den Tisch und die Mittellinie zum Marsberg geht, spricht für die Gefahr eines gewaltsamen Todes durch Stürzen in einen Abgrund oder durch Untertauchen (Ertrinken). Weil in der Geburtsfigur Mars als Herrscher des achten Hauses in der Waage in seinem Exil steht sowie Saturn mit der Sonne leuchtet und in der Nähe der Hyaden eine Konjunktion bildet, wird ein plötzlicher Tod angedeutet. Seine Ursache ist entweder durch Waffen oder Fallen und Wassergefahr.
7. Die Lebenslinie siehst du drei- oder viermal durchschnitten und

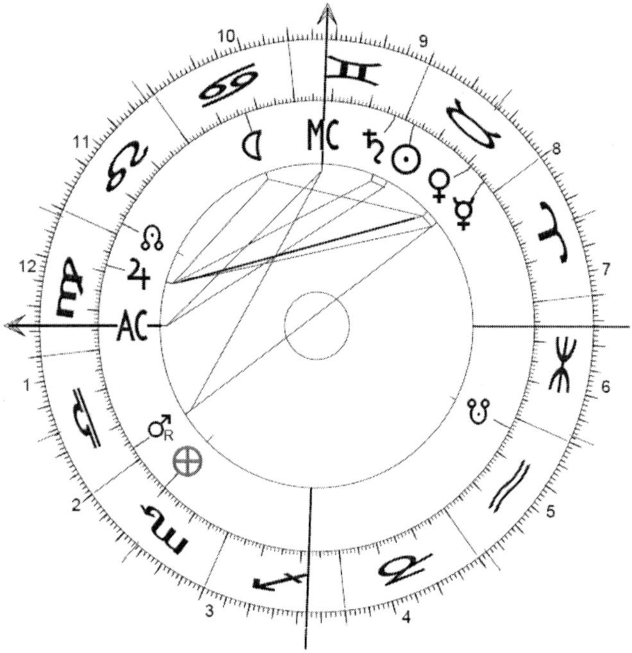

Beispiel 18b

berührt. Zuerst von der Linie des Hauptes (Merkurlinie), das betrifft das neunte oder elfte Jahr. Zu dieser Zeit schreitet der dirigierte Aszendent von der Jungfrau in die Waage. Der dirigierte Mond bildet um das 17. oder 18. Lebensjahr ein Quadrat zum Mars. Zu dieser Zeit erreicht der Aszendent 6° Waage, was sehr gefährlich sein wird. Die Linie, die in diesem Jahr die Lebenslinie schneidet, habe ich eingezeichnet.

Der andere Durchschnitt durch die Lebenslinie gehört etwa zum 32. oder 33. Lebensjahr[45], das allen beweglichen und adeligen (vornehmen) Menschen zuwider ist, auch ohne dass besondere Direktionen vorliegen.

Der dritte Durchschnitt mag zum 42. und 47. Jahr passen. Das 42. ist das Wechseljahr, zusammen mit dem 47. Es fällt es in die

Zeit, in welcher der dirigierte Aszendent den Mars erreicht[46]. Von diesem Jahr an bis zum 60. werden sich die Unfälle und vielerlei Gefahren am meisten bemerkbar machen.
Um das 50. Jahr wandert der dirigierte Aszendent ans Ende der Waage[47] und somit in die Grenzen des Mars. Danach geht er in den Skorpion, wo er für ungefähr acht Jahre verweilt. Um das 54. Lebensjahr schreitet der Mond in ein Quadrat zum Saturn.

Ich habe zu den Knabenhänden oft angemerkt, dass sich nicht alle Linien schon richtig sehen lassen. Außerdem lassen sich ihre Gestalten nicht leicht abmalen. Darum lässt sich die Zusammenstellung in den Knabenhänden nicht so deutlich und scharf abzeichnen, wie bei denjenigen, die ihre Lebensjahre erreicht haben, ab denen alle Linien und feinen Striche deutlich sichtbar sind.

19. Beispiel

Daten: Geburt am 17. Januar 1561, 13:36 Uhr LMT sehr nahe bei 51°45' N. Die Längengrade wurden nicht angegeben. Bei Rothmann beginnt der Tag um 12:00 Uhr mittags gemäß den damals üblichen Tabellen. Nach heutiger Zählung würde man deshalb den 18. Januar 1561 um 1:36 am, LMT, angeben. Ein möglicher Ort ist Bernburg[48]. AC und MC gäbe sich für die Geburtszeit 1:49 Uhr am, LMT. Bei dem Beispiel handelt es sich sehr wahrscheinlich um Christoph Rothmann[49], Astronom und älterer Bruder von Johannes Roth-mann.

1. An der Lebenslinie sind etliche kleine Schnittlinien zu sehen, die sich auf das Alter von 14 Jahren beziehen sowie auf das 30. und 40. Lebensjahr. Im 29. Jahr bekämpfte die Person das Viertages- oder Quartalsfieber, das im folgenden Jahr dreitägig wiederkam. Zu dieser Zeit erreichte der dirigierte Aszendent den Mars, und die dirigierte Sonne bildete ein Quadrat zum Saturn.[50]
   Um das 39. und 40. Lebensjahr schreitet der dirigierte Aszendent in die Opposition zum Saturn, die gefährliche Krankheiten wie

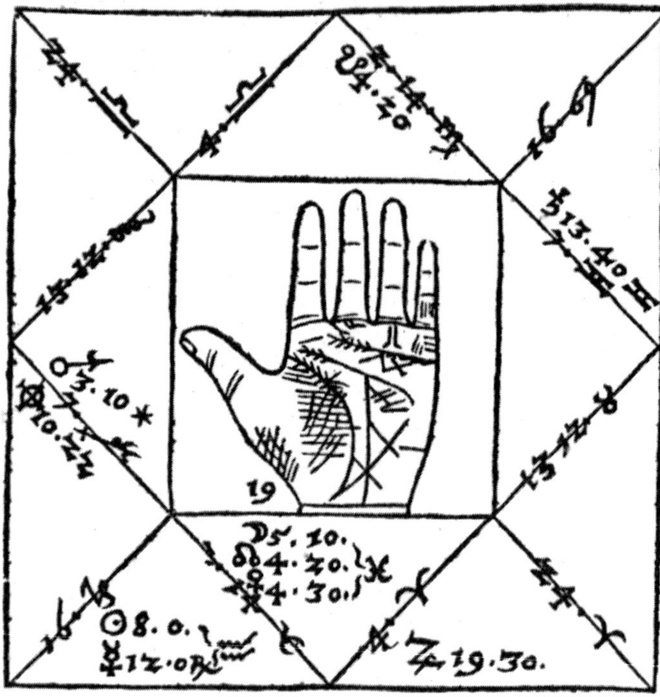

Beispiel 19a

die Pest, Vergiftungen und andere mit sich bringt. Sie führen zu heftigen Ausflüssen aus der Brust und Lungen sowie zur Milzsucht und werden dem Leben schwer zusetzen. Da aber der Direktionsgrad des Aszendenten mit Jupiter ein Trigon bildet, wird dieses Jahr nicht tödlich sein.[51] Zudem kann jeder Mensch schlechte Voraussagen größtenteils abwenden und abschwächen. Im vorliegenden Beispiel wären zur angegebenen Zeit Vorsicht, Mäßigung und Arznei zu empfehlen.

2. Venus und Jupiter haben in der Geburtsfigur die größte Stärke. Danach folgen Merkur, Mars und Saturn. Der Neumond war zum Zeitpunkt der Geburt gerade vorüber.
   In der Hand lassen sich Jupiter, Venus und Merkur gut erkennen. Daraus kann man auf gute Anlagen schließen: auf ein tapferes

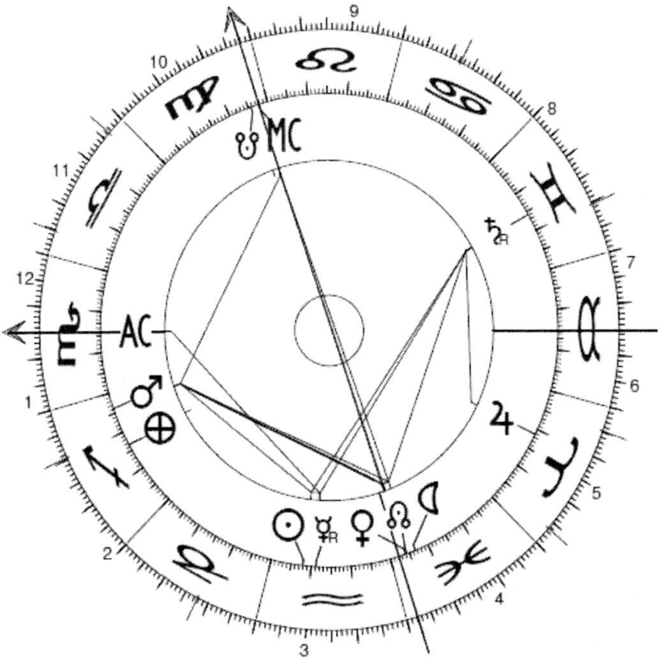

Beispiel 19b

und reges Gedankenleben, gute Lebenskräfte sowie auf viel Glück im ganzen Leben. Diese Planeten versprechen das, was einem glücklichen Wesen von ihnen noch alles zusteht.
Die Venus steht in ihrer Erhöhung in den Fischen und der Jupiter in Rezeption mit dem Mars. Zwischen Saturn und Merkur ergibt sich ebenfalls eine Rezeption.
Wir finden hier also fünf Planeten in ihren Würden und deshalb stark gestellt. Darüber hinaus ist der Mond in den Fischen, die wie der Krebs, das Herrscherzeichen des Mondes, zum Wassertrigon gehören. Da aber Luna weniger als ein Tierkreiszeichen von der Sonne entfernt steht, ist ihre Macht gering.

3. Darum zeigt sie in der Hand zwar nur eine kleine, aber klare Querlinie am Widerschlag, die unter anderem Reisen bedeutet.

Außerdem habe ich noch mehr kleine Linien unten am Widerschlag gefunden, die sich jedoch auf der Außenseite der Hand befinden.

In der Himmelsfigur werden mancherlei Reisen angezeigt, weil der Krebs im neunten Haus steht. In dieser Stellung gilt das vom Mond beherrschte Tierkreiszeichen als ein Signum für viele Reisen. Das Gleiche gilt für den Löwen, das Herrscherzeichen der Sonne. Obgleich er eingeschlossen ist, befindet er sich ebenfalls im neunten, dem Haus der Reisen. Die Sonne selbst steht zusammen mit Merkur im beweglichen dritten Haus.

4. Die drei parallelen Linien, die von der Handmitte zum Widerschlag (Handkante) hinuntergezogen sind, zeigen ein Leben und Glück außerhalb des Vaterlandes an. In der Himmelsfigur finden wir das in der Konjunktion des Mondes als Herr des neunten Hauses, mit der Venus, die neben Jupiter und Merkur das Geburtshoroskop beherrscht.
5. Weil die Tischlinie (Herzlinie) zierliche Zweige aufweist, die von ihr nach oben und unten gehen, und weil sich die Verbindung der Venus mit dem Jupiter und Merkur bemerkbar macht, zeigen sie Glück und Reichtum an.

   Davon zeugen auch die edlen Platzierungen von Jupiter und Venus in der Himmelsfigur: Der Glückspunkt steht im zweiten Haus und dessen Herrscher Jupiter in einer sehr glücklichen Stellung. Gleiches gilt für die Position der Venus, die in den Fischen erhöht ist. Sie verspricht Pracht und Reichtum im Alter.
6. Endlich ist hieraus zu schließen, dass große Ehre und Würden angedeuteten werden: Das zeigen uns Venus, Jupiter und Merkur in beiden Händen in der folgenden Figur: Das Handdreieck und der -tisch sind gut und klar gebildet. Auch die Sonnenlinie ist fein zu sehen, gleiches gilt für die Saturnia und den Jupiterberg. Schließlich finden wir im Tisch gegen den Herzfinger hin ein Jupiterzeichen, das mächtige Würden anzeigt, insbesondere im geistlichen Stand.
7. Saturn macht auf seinem Berg deutlich, dass er der Person wenig geneigt ist. Wie man leicht sieht, verlaufen unter dem

Mittelfinger etliche Querlinien, die sich um das 39. und 40. Jahr zweifellos bemerkbar machen. Das haben wir bereits weiter oben erwähnt. Wenn die Person das angegebene Jahr überstanden hat, wird ihr der Saturn in der Folgezeit viele herrliche Erbschaften und Besitztümer geben. Dieser glückliche Zustand ergibt sich sowohl aus der Hand wie aus dem Geburtshoroskop, weil der Saturn im achten Haus gut und glücklich steht.

Deshalb wird diese Person ein hohes Alter erreichen und sich durch ihre Tugend, Ehre, große Gelehrsamkeit oder Geschicklichkeit einen vortrefflichen Namen machen.

Teil IV
Die Astrologie von Johannes Rothmann

Astrologie wurde zu allen Zeiten und in allen Weltgegenden betrieben, deshalb gehört sie zur menschlichen Kultur. Wie alle Wissenszweige unterliegt auch sie einer stetigen Wandlung und Entwicklung. Studiert man eine historische Schrift, in der sie verwendet wird, ist es deshalb wichtig zu wissen, welcher Tradition und Arbeitsweise sie folgt. Die Astrologie, derer sich J. Rothmann in seinen Texten bedient, ist diejenige, die in der Renaissance in Europa allgemein verbreitet war. Man nennt sie heute meist die »klassische Astrologie«. Obwohl sie der heutigen und meist praktizierten »psychologischen Astrologie« nicht widerspricht, verwendet sie für ihre Deutungen Regeln, die heute weniger bekannt und gebräuchlich sind.

Da Uranus, Neptun und Pluto erst später entdeckt wurden, fehlen sie in Rothmanns Horoskopen. Neben den klassischen Lichtern und Planeten bis einschließlich Saturn beinhalten sie die mittleren Mondknoten und den für die damalige Deutung sehr wichtigen Glückspunkt. Für seine Berechnung verwendet er wie seinerzeit üblich nur die Tagformel.

Die folgenden Kapitel beschränken sich auf die wichtigsten Grundlagen der klassischen Astrologie. Anstelle eines umfassenden Lehrgangs konzentrieren sich die folgenden Kapitel auf das unbedingt notwendige Wissen, das für ein Verständnis der Arbeitsweise von J. Rothmann unerlässlich ist. Wer sich weiter in die klassische Astrologie vertiefen will, dem seien die, in der Bibliografie aufgeführten Bücher von Eric van Slooten, William Lilly und Raphael Gil Brand empfohlen

Kapitel 7: Grundlagen der klassischen Astrologie

1. Die Würden der Planeten

In der heutigen Astrologie haben die Tierkreiszeichen ein anderes Gewicht als in früheren Zeiten. Heute berücksichtigt man bei der Interpretation eines Planeten vor allem die psychologischen Eigenschaften des Zeichens, in dem er steht. In der traditionellen Astrologie ergab sich aus der Zeichenstellung eines Planeten seine essenzielle Würde, das heißt seine Stärke oder Schwäche. Sie waren für die Interpretation von grundlegender Bedeutung, denn mit ihnen verband man Krankheiten, unglückliche Wendungen oder Erfolgsaussichten und ein glückliches Schicksal.

2. Die essenziellen Würden

Grundsätzlich unterscheidet man zwei Arten von Würden: Die *essenziellen Würden* ergeben sich durch die Stellungen der Planeten in den Tierkreiszeichen. Die *akzidentiellen Würden* hängen vom Aufenthalt der Planeten in bestimmten Horoskophäusern ab.

Um zu beurteilen, wie ein Planet seine Eigenart auslebt, schauen wir zunächst auf das Tierkreiszeichen, in dem er steht. Entspricht ihm das Zeichen, unterstützt es sein Wirken und der Planet entfaltet seine besten Eigenschaften. Das gilt zum Beispiel für die Sonne im Löwen oder den Mond im Krebs. Die Astrologie spricht dann davon, dass der Planet dort eine „essenziellen Würde" besitzt. Die beiden herausragenden und „glücklichsten" Würden, die ein Planet einnehmen kann, nennt man Domizil und Erhöhung.

Im *Domizil* steht ein Planet, wenn er sich in seinem eigenen Zeichen aufhält. Als Zeichenherrscher kann er dort seine Eigenart ungehindert und am reinsten entfalten. Jeder Planet besitzt ein solches Domizil und mancher sogar zwei.

In *Erhöhung* befindet sich ein Planet, wenn er in einem Zeichen steht, in dem er ein gern gesehener Gast ist. Hier wird seine Eigenart unterstützt und kann sich deshalb positiv entfalten.

Neben diesen verwendet J. Rothmann noch weitere, kleinere Würden. Sie ergeben sich aus der *Triplizität*, das heißt aus dem Element, dem das Tierkreiszeichen angehört, in welchem sich der Planet gerade befindet. Für den Krebs wäre das zum Beispiel das Wasser und für den Schützen das Feuer.

In der klassischen Astrologie macht es einen Unterschied, ob jemand am Tage oder bei Nacht geboren ist. Deshalb ergeben sich für *Tag- und Nachtgeburten* jeweils unterschiedliche Elemente- oder Triplizitätsherrscher. Die Zuordnungen sind ebenfalls in einer Tabelle unten aufgeführt.

Weitere, jedoch schwächere Würden ergeben sich etwa aus den *Dekanaten* und den *Grenzen*, in welchen sich die Planeten aufhalten. Sie werden jedoch als untergeordnet und weniger wirksam betrachtet. Deshalb werden sie hier nicht weiter besprochen.

Für die Planeten bedenklich und schädlich ist, wenn sie sich im Exil oder Fall aufhalten.

Im Exil befindet sich ein Planet, wenn er in dem Tierkreiszeichen steht, das seinem Domizil gegenüberliegt. Das gilt zum Beispiel für den Mond im Steinbock oder die Venus im Skorpion. Hier fühlen sie sich nicht wohl.

Beim Fall steht ein Planet dem Zeichen seiner Erhöhung gegenüber. Hier zeigt er seine negativen Seiten, denn Exil und Fall sind für einen Planeten wenig förderlich. Sie bedeuten jedoch nicht Schwäche.

Als *peregrin*, das heißt »fern von zu Hause«, gilt ein Planet, wenn er keine essenziellen Würden besitzt. Er steht weder in seinem Domizil noch im Exil, Fall oder in Erhöhung und besitzt keine sonstigen Würden. Peregrine Planeten gelten als geschwächt, da sie »fremd« stehen. Sie können ihre Kräfte nicht voll entfalten.

Aus der Tabelle 1 lassen sich die klassischen Würden der Planeten in Abhängigkeit von den Tierkreiszeichen entnehmen. Die Tabelle 3 zeigt die Herrscher für die Elemente, die Triplizitätsherrscher, für Tag- und Nachtgeburten.

	Domizil	Erhöhung	Exil	Fall
♈	♂	☉	♀	♄
♉	♀	☽	♂	
♊	☿		♃	
♋	☽	♃	♄	♂
♌	☉		♄	
♍	☿	☿	♃	♀
♎	♀	♄	♂	☉
♏	♂		♀	☽
♐	♃		☿	
♑	♄	♂	☽	♃
♒	♄		☉	
♓	♃	♀	☿	☿

Tabelle 1: Die klassischen Würden

3. Die Herrscher der Triplizität

Die zwölf Tierkreiszeichen lassen sich in die vier Elemente Feuer, Erde, Luft und Wasser gruppieren. Dabei entfallen auf jedes Element drei Tierkreiszeichen. Eine zusammengehörige Gruppe aus jeweils drei Zeichen nennt man Triplizität. Dabei gelten folgende Zuordnungen:

Element	**Tierkreiszeichen**
Feuer	Widder, Löwe, Schütze
Erde	Steinbock, Stier, Jungfrau
Luft	Waage, Wassermann, Zwillinge
Wasser	Krebs, Skorpion, Fische

Tabelle 2: Elemente in den Zeichen

Jedes Element hat einen Vorsteher, der es beherrscht. Dieser Herrscher, wie er genannt wird, dominiert die entsprechende Tierkreis-Dreiergruppe des Elements, der er vorsteht. Da die klassische Astrologie Horoskope der am Tag Geborenen von denen der Nachtgeburten deutlich unterscheidet, ordnet sie den Elementgruppen

(Triplizitäten) der Tag- oder Nachthoroskope unterschiedliche Herrscher zu. In welcher Weise, das ergibt sich aus der folgenden Aufstellung.

Element	Tag	Nacht
Feuer	☉	♃
Erde	♀	☽
Luft	♄	☿
Wasser	♂	♂

Tabelle 3: Triplizitätsherrscher im Tag- und Nachthoroskop nach Ptolemäus

4. Die Freuden der Planeten

Eine weitere Art der Würden nennt man die Freuden der Planeten. Sie bezeichnen die Stellung eines Planeten in einem bestimmten Haus, in dem er seine Eigenschaften besonders gut entfaltet. Die entsprechenden Zuordnungen zeigt die beigefügte Tabelle.

Haus 1	Haus 3	Haus 5	Haus 6	Haus 9	Haus 11	Haus 12
☿	☽	♀	♂	☉	♃	♄

Tabelle 4: Die Freuden der Planeten

5. Die Aspekte der Planeten

In der klassischen Astrologie gelten, wie im Kapitel 4 schon dargestellt, die Himmelslichter Sonne, Mond und meist auch Merkur als »gute« Planeten. Jupiter und Venus sind die stets gerne gesehenen, besonderen »Wohltäter«. Dagegen sind Mars und vor allem Saturn die gefürchtete »Übeltäter«. Stehen die Planeten oder Lichter in bestimmten Winkelabständen zueinander, verbinden sie ihre Eigenschaften. Dabei kommen manche Planeten besser und andere schlechter miteinander aus. Die Winkel, die sie durch ihre unterschiedlichen Stellungen im Tierkreis miteinander bilden, werden *Aspekte* genannt. Sie werden in Gradzahlen gemessen. Je nach Art oder Gradzahlen des Aspekts haben sie positive oder negative Auswirkungen. Berücksichtigt werden von J. Rothmann nur solche, die zu den »Ptolemäischen Aspekten« gehören. Sie wurden von dem berühmten griechischen Astronomen und Astrologen Ptolemäus aufgeführt und lauten:

- Die Konjunktion
- Die Opposition
- Das Trigon
- Das Quadrat
- Das Sextil

Darüber hinaus gilt, dass alle Lichter und Planeten, die innerhalb eines Zeichens stehen, eine Konjunktion bilden, unabhängig davon, wie groß der Abstand voneinander wirklich ist. Die auch von Rothmann verwendeten Aspekte, Winkelabstände und Bedeutungen sind:

- Die *0°-Konjunktion*: Bei ihr hängt die Qualität der Verbindung, ob sie als gut oder schlecht betrachtet wird, ganz von den beteiligten Planeten ab. Auch hier gelten Saturn und Mars als Übeltäter. Planeten, die nahe beieinander, aber in unterschiedlichen Tierkreiszeichen stehen, werden in der Regel nicht als Konjunktion gezählt, da sie durch eine Zeichengrenze getrennt werden.
- Die *180°-Opposition* gilt als widriger und negativer Aspekt, denn die Planeten stehen sich dabei gegenüber.
- Das *120°-Trigon* ist ein förderlicher, guter und besonders harmonischer Aspekt.
- Das *90°-Quadrat* gilt als widriger und negativer Aspekt, denn die beteiligten Planeten hemmen sich gegenseitig und fordern eine Kraftanstrengung zur Überwindung heraus.
- Das *60°-Sextil* ist ein förderlicher und guter Aspekt.

Der Orbis, das ist der gültige Toleranzspielraum eines Aspekts, kann mit ungefähr +/- 8° angenommen werden. Beim Sextil ist er geringer und liegt bei ungefähr der Hälfte.

Ein *applikativer Aspekt* bezeichnet einen Aspekt, der durch die laufenden Bewegungen der Planeten genauer wird. In der klassischen Astrologie gilt er als deutlich wirksamer als ein separativer Aspekt. Dieser verliert seine Bedeutung kurz nach Erreichen der Exaktheit.

Eine *Rückläufigkeit*, die ein Planet gelegentlich durchführt, schwächt ihn erheblich.

In *Verbrennung* befindet sich ein Planet, der weniger als 8° Grad von der Sonne entfernt ist.

In *Cazimi*, im »Herzen der Sonne« verläuft ein Planet, der weniger als 17 Bogenminuten von ihr entfernt ist. Hier soll ein Planet eine besondere Kraft besitzen. Voraussetzung ist jedoch, dass sich der Planet im gleichen Zeichen wie die Sonne aufhält.

Die *Rezeption* ist eine weitere wirkungsvolle Planetenverbindung. An der Rezeption sind immer zwei Planeten beteiligt. Sie stehen jeweils im Tierkreiszeichen der Würden des anderen. Das gilt zum Beispiel für die Verbindung: Sonne im Krebs und Mond im Löwen oder Saturn in der Waage und Venus im Wassermann.

Wichtig sind die Rezeptionen im Domizil oder in der Erhöhung des anderen. Sie lassen sich mit einer Konjunktion vergleichen. Steht einer der beteiligten Planeten schlecht, etwa durch eine Rückläufigkeit, wird die Verbindung geschwächt.

Die sogenannten *Spiegelpunkte*, die Antiszien oder Gegen-Antiszien, gehören zu einer weiteren untergeordneten Verbindungsart. Dabei stehen zwei Planeten im Spiegelpunkt, der Antiszie, des anderen, wenn sie vom Sonnwendpunkt Krebs/Steinbock als angenommenen 0° Punkte den gleichen Längenabstand haben. Ein Saturn, der sich auf 9° Krebs befindet, steht zum Beispiel im Spiegelpunkt zum Mars auf 21° in den Zwillingen. Bei den Gegen-Antiszien werden die Tag- und Nachtgleichen, die Widder/Waageachse als 0° Bezugspunkt gewählt.

Zu den grundlegenden Deutungselementen der heutigen wie auch der klassischen Astrologie gehören neben den Tierkreiszeichen die Horoskophäuser. Die alten Astrologen bezeichneten letztere als „Himmelshäuser". Ihre Anzahl beträgt ebenfalls zwölf. In der Horoskopzeichnung werden sie gegen den Uhrzeigersinn gezählt, unabhängig davon, ob die Grafik rechteckig oder rund dargestellt wird. Ihre Zählung beginnt mit dem Aszendenten und ersten Haus. Sie endet mit Haus 12.

Steht ein Planet in einem dieser Häuser, entfaltet er seine Energie in dem entsprechenden Lebensbereich. Steht zum Beispiel der Mars im siebten Haus, dem Haus der Ehe, lässt er viel Streit in der Partnerschaft und Ehe erwarten. Ein Jupiter in Haus elf, dem Haus der Freunde, stellt die Förderung und Protektion von einflussreichen Freunden in Aussicht.

Nach alter Tradition repräsentiert jedes Haus einen anderen Lebensbereich. Geprägt wird jedes Haus durch das Tierkreiszeichen, in dem das Haus beginnt. Steht der Schütze am Anfang des ersten Hauses und ist der Aszendent damit der Schütze, werden beide von den Eigenschaften dieses Tierkreiszeichens geprägt. Wie wir bereits wissen, ist der Herrscher des Schützen der Planet Jupiter. Steht er zum Beispiel im dritten Haus, trägt er etwas von der Schützenenergie in das dritte Haus.

Wodurch ergibt sich nun das System der zwölf Häuser? Der Geburtsmoment ist für jeden Menschen ein bedeutsamer Schwellenübergang. Mit ihm beginnt unser Eigenleben, obwohl wir in den ersten Lebensmonaten und -jahren noch auf die intensive Fürsorge anderer angewiesen sind. Für die Astrologie ist neben dem Geburtszeitpunkt auch der Geburtsort wichtig, denn erst aus der Kombination der Zeit- und Raumverhältnisse ergibt sich das individuelle Schaubild.

Das Geburtshoroskop fängt den Geburtsmoment in einer Raum- und Zeitgrafik ein. Dabei verbindet es in einer vereinfachten, grafischen Weise die planetarischen Himmelsverhältnisse mit den Ortskoordinaten. Im Mittelpunkt des Horoskops steht dabei immer der jeweilige Mensch zu einem bestimmten Zeitpunkt an einem bestimmten Ort. Durch die kosmischen Bewegungen verändern sich diese Raum- und Zeitverhältnisse stetig. Dadurch erhält jedes Geburtsschaubild einen höchst individuellen Charakter.

Den spezifischen Geburtsraum um uns her unterteilt die Astrologie in zwölf Sektoren. Rothmann nennt sie die Himmelshäuser. Wie schon erwähnt, ist jedes Haus traditionsgemäß mit bestimmten Lebensbereichen und -themen verbunden. Die quadratische Zeichnung nach *Johann Wilhelm Pfaff* (siehe Abb. unten) zeigt die früher üblichen Bezeichnungen, während die Tabelle 5 die dazugehörigen Schlüsselwörter, die J. Rothmann für seine Interpretationen verwendet, ausführlicher benennt.

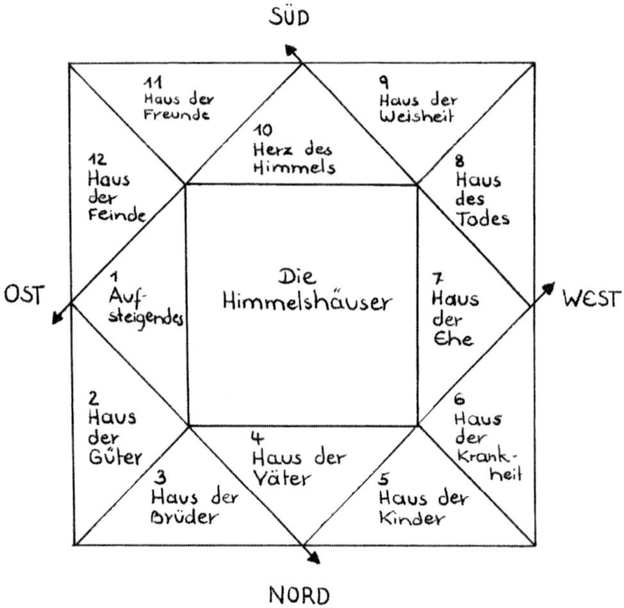

Quadratische Horoskopdarstellung

Haus	Lebensthemen
1. Haus und AC	Der Geborene selbst, das Leben des Geborenen, der Körper, die Anlagen und Begabungen.
2. Haus	Die eigenen materiellen Sicherheiten, der Besitz, Verdienst und Schulden.
3. Haus	Geschwister, Nachbarn und nahe Verwandte, die Beweglichkeit und kleine Reisen, die Denk- und Ausdrucksweise, die Sprache.
4. Haus und IC	Heim und Familie, Volk und Heimat, der Vater, Grundbesitz.
5. Haus	Die Liebe und Geliebte, Kinder, das, was Freude macht.
6. Haus	Gesundheit und Krankheit, Bedienstete, kleine Haustiere und Werkzeuge.
7. Haus und DC	Ehepartnerin oder Ehepartner, die Ehe, andere Partner und öffentliche Feinde.
8. Haus	Tod, Erbschaften, Vermögen des Partners oder der Partnerin.
9. Haus	Religion, Glauben und Bildung, die Kirche und kirchliche Würdenträger, weite Reisen, das Ausland, Universität und Studium.
10. Haus und MC	Der Beruf, das öffentliche Ansehen, die Mutter.
11. Haus	Freunde, Förderer, die Protektion, Ruhm und Ehren.
12. Haus	Verbannung, Gefängnis, Rückzug, Kloster, Unglück, geheime Feinde.

Tabelle 5: Himmelshäuser und Lebensthemen

Kapitel 8: Aus dem Leben von Johannes Rothmann

Zeit im Aufbruch

Die Erfindung des Buchdrucks um 1450 durch Johannes Gutenberg gleicht einem Dammbruch. Das Verbreiten von Wissen war mit einem Mal leichter möglich und das mühsame Abschreiben ganzer Bücher hatte ein Ende. Einfacher wurde auch das Weitergeben von Inhalten, die nicht nur Religion und Glauben betrafen. Das galt ebenso für das Verbreiten von Übersetzungen und Erschließen antiker Quellen. Das Bildungsmonopol der Kirche bröckelte, Wissenschaft und Forschung bekamen Auftrieb und vielerorts entstanden neue Universitäten. Höheres Wissen wurde zunehmend auch für den drängenden Nachwuchs der niedrigen Stände erreichbar.

1386 war in Heidelberg mit der ersten Hochschule auf deutschem Boden ein Anfang gemacht. Neue kamen hinzu. Gebiets- und Staatsgrenzen spielten dabei kaum eine Rolle, denn auch die weniger reichen Städte und Fürsten wurden vom Fieber nach Wissen erfasst. Sie spürten den Aufbruch in eine neue Zeit und eiferten ihr zu.

Eine unter diesen Städten war Wittenberg in Sachsen: 1502 öffnete dort die *Leucorea* (gr. weißer Berg), Namen der dortigen Universität, zum ersten Mal die Pforten. Ihr großes Vorbild und Zukunftsmodell war die Universität Tübingen. Mit der philosophischen Fakultät legten die Wittenberger ein Fundament, auf dem sie wenig später die juristische, medizinische und theologische Fakultät aufbauten. Auf Empfehlung des bekannten Humanisten *Reuchlin* folgte bald der schmächtige *Philipp Schwartzerdt* (1497–1560) dem Ruf nach Wittenberg. Er sollte der erste Professor für den neu eingerichteten Lehrstuhl der Griechischen Sprache werden. Seinen Nachnamen hatte er vorab ins Griechische zu *Melanchthon* übersetzt.

Die Wittenberger waren vom ersten Anblick des nur 1,50 m großen Gelehrten mit leichtem Sprachfehler kaum beeindruckt. Das änderte sich nach seiner ersten mitreißenden Antrittsrede. Fortan füllte sich der Hörsaal, wenn er eine seiner klar strukturierten und sprachlich exzellenten Vorlesungen abhielt. Auch Martin Luther (1483–1546) war vom kleinen »Graeculus« (Griechlein), wie er ihn nannte, tief beeindruckt. Er entdeckte in Melanchthon schnell einen ebenbürtigen Gesprächspartner und traf ihn von nun an regelmäßig zu temperamentvollen Diskursen.

Wie die Astrologie nach Wittenberg kam

Der Lehrauftrag des Universalgelehrten *Melanchthon* erweiterte sich bald auf die unterschiedlichsten Wissensgebiete. Für einen Geisteswissenschaftler heute eher ungewöhnlich: Er war auch ausgezeichneter Mathematiker mit einem legendären Hang zur Astronomie und Astrologie. Letztere hatte er bei dem bekannten Astronomen und Sterndeuter *Johannes Stöffler* (1452–1531) in Tübingen gelernt. Neben vielen anderen Aufgaben verbreitete *Melanchthon* die Astrologie unter Studenten und Professoren gleichermaßen vehement und ruhte nicht, bis er den Lehrplan der Universität so umgestaltet hatte, dass er sie fundiert vermitteln konnte. Im Medizinstudium wurde sie sogar fester Bestandteil. Mit dem christlichen Glauben kam er dabei nicht in Konflikt, denn er verstand sie als Element des göttlichen Willens. Die von ihm gelehrte christliche Astrologie erwies sich als äußerst ansteckend.

Luthers deftige Ablehnung der Astrologie, von der mancher vermutete, dass sie nicht zuletzt mit der Auslegung seines Geburtshoroskops durch einen päpstlichen Astrologen zusammenhing, störte dabei wenig. Zahlreiche Gelehrte nahmen die Sternenschau – sowohl Astronomie wie Astrologie – beeindruckt als Studiengebiet und Beratungshilfe mit zu anderen Hochschulen, an Fürstenhöfe und in gehobene Stellungen. *Melanchthons* Einfluss auf die Astrologie des sechzehnten Jahrhunderts war schließlich so groß, dass seine Schüler und Nachfolger sein Werk an der Hochschule nach ihm noch auf Jahrzehnte fortsetzten.

Weniger bekannt ist, dass sich sowohl *Melanchthon* wie auch die anderen Astrologen in seinem Umkreis mit der Chiromantie ebenfalls beschäftigten, auch wenn sie diese als nicht ganz gleichwertig mit der Sterndeutung ansahen. Darunter waren immerhin so klangvolle Namen wie der seines Schwiegersohns *Caspar Peucer*.

Als 1575 und 1578 die wenig begüterten Brüder *Christoph* und *Johannes Rothmann* in die Universität Wittenberg eintraten, war *Melanchthons* Impuls noch immer lebendig. Durch ein fürstliches Stipendium gefördert, entdeckte *Christoph Rothmann* (1561–1601)[49] bald eine Vorliebe für die Mathematik und Astronomie. Letztere schloss damals die Astrologie mit ein. Die Sternbeobachtung war zu dieser Zeit rein geozentrisch und auf die Überlieferungen des Griechen *Claudius Ptolemäus* (um 100–160) ausgerichtet. Dessen berühmtes und einflussreiches Deutungsbuch TETRABIBLOS hatte *Melanchthon* noch in seinen letzten Lebensjahren aus dem Griechischen ins Latein übersetzt.

Johannes Rothmanns Fachgebiete waren die Mathematik und Medizin, die damals untrennbar mit Astrologie verbunden war, wie wir es auch von *Paracelsus* (1493/94–1541) wissen. Nach einem Intermezzo an der neu gegründeten Hochschule in Zerbst, an der nur lateinisch gesprochen wurde, folgte *Christoph Rothmann* nach Beenden seines Studiums der fürstlichen Empfehlung: Er ging an die erste neuzeitliche Sternwarte Europas nach Kassel.

Johannes Rothmann führte sein Medizinstudium weiter. Bei dieser Gelegenheit lernte er die Chiromantie kennen, die man damals zur medizinischen Diagnostik mit verwandte. 1585 und im Winter 1586 besuchte er den Bruder in Kassel und nahm an Messungen der Marsbahn teil. Bei der zweiten Reise begleitete in *Bartholomäus*, der jüngste der drei Brüder. Dieser war Musiker und Dichter, der später ins Baltische reiste. Zu dieser Zeit wurden die jüngeren Brüder Zeuge davon, wie sehr Christoph den berühmten Astronom Tycho de Brahe schätzte: Als sich der anwesende *Nicolaus Reimers Ursus* (1551–1600), ebenfalls Astronom, kaiserlicher Hofmathematiker und späterer Übersetzer des Hauptwerkes von Kopernikus, über die berühmte silberne Nase des Dänen abfällig äußerte, kam es zum heftigen Streit.

Wilhelm IV. von Hessen-Kassel lobte Christophs Forschungsarbeit seinem fürstlichen Bruder gegenüber und hätte ihn gerne für eine Professur nach Marburg vermittelt. Doch schon 1590 machten sich bei Christoph heftige »Leibschmerzen« bemerkbar, die sich in der Folge weiter verschlimmerten. Noch im gleichen Sommer unternahm er eine Reise zu *Tycho de Brahe* nach Dänemark, der die astronomischen Gespräche mit ihm sehr schätze, und ihn gerne als Mitarbeiter abgeworben hätte. Schon in der Vergangenheit hatten sich beide brieflich des Öfteren ausgetauscht. Einen Monat später kehrte Christoph jedoch nicht nach Kassel zurück und reiste stattdessen in seine Heimatstadt Bernburg, wo er wahrscheinlich Schonung und Pflege suchte. Dennoch erholte er sich nicht und verstarb schließlich 1601 nach längerem Leiden.

Der jüngere Bruder Johannes vervollständigte inzwischen sein Medizinstudium in Leipzig und Basel. 1592 schloss er es mit der Dissertation und Promotion ab. Sein Thema war: Philosophische Thesen der medizinischen Ursachen von Krankheiten durch den Zustrom aus dem Himmel und von den Sternen[52].

In den Jahren danach schrieb er die vorliegende CHIROMANCIA, wobei ihn die wohlhabenden Gebrüder Fugger aus Augsburg finanziell unterstützten. 1595 erschien das reich bebilderte Buch wie üblich in Latein und ein Jahr später in deutscher Sprache. Am Ende vermerkt Johannes Rothmann darin, dass er sich nun als Feldarzt zu den Soldaten ins Ungarische begebe. Weiter ist nur bekannt, dass es ihn anschließend wahrscheinlich nach Erfurt zog, um dort als Arzt tätig zu sein. Dann verliert sich seine Spur. Sein einzigartiges Werk überdauert jedoch die Zeit.

Brief an die Brüder Fugger

Den wohlgeborenen und edlen Herren,
den Gebrüdern Herrn Markus Fugger, kaiserlicher Rat,
sowie Herrn Johann und Herrn Jacob Fugger,
Freiherren und Herren zu Kirchberg und Weissenhorn ect.,
meinen gnädigen Herren

Wohlgeborene und edle Herren von Gottes Gnaden, denen ich ganz und gar meine geringen Dienste widme. Ihnen, den wohlgeborenen edlen Herren von Gottes Gnaden übergebe ich dieses, mein Büchlein von der Chiromancy, das ich in rechter Methodik und Weise geordnet habe. Ich verwende dabei eine neue astrologische Arbeitsweise und führe einen Vergleich mit den Geburtsfiguren durch, so gründlich, wie es mir möglich war. Das hat bisher noch niemand vor mir unternommen.

Die Grundlagen und das Fundament erörtere ich in der folgenden Einführung. Eine besondere, deutsche Rhetorik habe ich dabei übergangen, weil sie dazu nicht nötig war, ebenso wenig, wie kluge Ausführungen zu besonderen mathematischen Künsten.

Durch meine berufliche Arbeit und wegen verschiedenen Angelegenheiten meiner Studien bin ich seither vom Publizieren einer solchen Schrift verhindert worden. Außerdem hat mir ein Förderer und Schutzherr gefehlt. Nun aber bitte ich die wohlgeborenen und edlen Herren von Gottes Gnaden, dass sie mein Buch wohlwollend aufnehmen und meine jetzigen Studien unterstützen. Wie hinreichend der Welt bekannt ist, förderten die Vorfahren der wohlgeborenen und edlen Herren von Gottes Gnaden die Freien Künste und Musen in löblicher und tätiger Weise. Das hat mich zu dieser Widmung gedrängt, auch wenn dieses Buch beinahe zu gering und unansehnlich ist, um es den wohlgeborenen und edlen Herrn von Gottes Gnaden zuzuschreiben. Doch welche Arbeit dazu aufgewendet wurde, um die Dinge umfassend zu verstehen, werden verständige und in der Naturbetrachtung und Astronomie erfahrene Menschen neidlos ermessen.

Hiermit empfehle ich die wohlgeborenen und edlen Herren von Gottes Gnaden treulich in den Schutz Gottes, des Allmächtigen.

Erfurt im Solstitium 1596 A.C.

Eurer wohlgeborenen und edlen Herren von Gottes Gnaden dienstbeflissener

Ioannes Rothmannus D.

1478 erscheint das erste gedruckte Buch über Handlesen in deutscher Sprache: DIE KUNST CHIROMANTIA. ES wurde zeitweise Johannes Hartlieb zugeschrieben, heute nicht mehr

1518 wird Melanchthon (1497–1560) Professor an der Universität Wittenberg, Vorlesungen über Astrologie

1560 Landgraf Wilhelm IV. von Hessen-Kassel richtet die Sternwarte Europas ein (das Schloss brennt 1811 ab und wird vollständig zerstört); bis zu seinem Regierungsantritt 1567 beteiligt er sich persönlich an den Beobachtungen für den Kasseler Sternkatalog

1575 Tycho de Brahe auf Besuch in Kassel

1561 wahrscheinliche Geburt von Christoph Rothmann in Bernburg, der Geburtstag des jüngeren Bruders Johannes ist unbekannt

1575 am 1. August Immatrikulation von Christophorus Rothmannus Bernburgensis für Theologie und Mathematik an der Universität Wittenberg, Stipendiat von Fürst Joachim Ernst von Anhalt, erste Begeisterung für Astronomie

1578 Bruder Johannes Rothmann wird Student in Wittenberg, Fächer waren dort traditionell: Theologie, Medizin und Mathematik. Später studieren beide Brüder am *Franciscеum* in Zerbst, Anhalt

1582 Übergang vom julianischen auf den gregorianischen Kalender durch Überspringen von zehn Kalendertagen vom 5. auf den 15. Oktober

1584–1590 Astronomische Tätigkeit von Christoph Rothmann an der Sternwarte in Kassel. Christoph führt viele seiner Beobachtungen und Berechnungen alleine durch; Arbeit am Kasseler Sternkatalog mit 1025 Sternen, darunter 387, die von ihm neu bestimmt werden

1586 Anfang Januar Besuch von Johannes Rothmann in Kassel, wahrscheinlich mit dem jüngsten Bruders Bartholomäus, Dichter und Musiker

1586 Bulle CONSTITUTIO COELI ET TERRA von Papst Sixtus V. zur Verschärfung des Konzil-Verbots von 1563 betreffs der Astrologie, Chiromantie und anderer divinatorischer Disziplinen

1587 im Januar zweite Reise von Johannes Rothmann nach Kassel und Beobachtung des Mars

1590 bei Christoph Rothmann erste Anzeichen schwerer »Leibbeschwerden«, im Mai Abreise nach Uraniborg zu Tycho de Brahe mit der Hoffnung auf gesundheitsverbessernden Ortswechsel

1590 am 1. August Eintreffen auf Insel Hven

1590 am 1. September tritt Christoph Rothmann die Rückreise nach Bernburg an, dort verfasst er später einige religiöse Schriften

1590 Johannes Rotman Bernburgensis promoviert in Wittenberg und Basel im Bereich der Medizin in Verbindung mit Astrologie

1591/92 eine Kandidatur von Christoph Rothmann für eine Professur der Mathematik an der Marburger Universität kommt wegen der schweren Erkrankung der Verdauungsorgane nicht infrage

1592 am 15. August erscheint in Basel von Johannes Rothmann die Dissertation: THESES PHILOSOPHICAE MEDICAE DE MORBORUM CAUSIS EX COELI AC SIDERUM INFLUXU; Einladung zur Promotion nach Leipzig, wo er zuvor studiert hatte

1595 erscheint von Johannes Rothmann CHIROMANTIAE THEORETICA. in lateinischer Sprache, ein Jahr später in Deutsch; Übernahme einer Stelle als Feldarzt in Ungarn, danach Arzt in Erfurt

1601 im Sommer stirbt Christoph Rothmann in Bernburg an Entkräftung. Am 24.10. 1601 stirbt Tycho de Brahe in Prag.

1613 erscheint von J. Rothmann TABULAE CHIROMANTICAE in Frankfurt

1618 Beginn des Dreißigjährigen Kriegs

1619 Herausgabe einer Schrift von J. Rothmann über astrologische Meteorologie, weitere Lebensdaten sind unbekannt

Anmerkungen

1 Nach heutiger Berechnung war der Mars am 4. bis 6. Februar (greg.) 1587 n. Chr. auf 4°43‘ stationär.

2 Nach der traditionellen Astrologie repräsentiert Merkur den Kopf, die Zunge, die Vorstellungskraft und das Gedächtnis. Außerdem steht Merkur im ersten Haus, in dem der Widder Mitherrscher ist, in seinen Freuden. (Siehe W. Lilly Buch I.) Wahrscheinlich leitet Rothmann aus dieser astrologischen Zuordnung die Bezeichnung »Kopflinie« ab, die sonst üblicherweise Merkurlinie genannt wird.

3 Siehe dazu im Teil IV die astrologischen Ausführungen über Tag- und Nachtgeburten.

4 Zur Vereinfachung nenne ich in der Folge die Himmelslichter Sonne und Mond ebenfalls Planeten

5 In Bezug auf die Venus könnte man sie noch als Abend- und Morgenstern, d. h. östlich oder westlich vom Mond aufgehend unterscheiden.

6 Für die Berechnung der Primärdirektionen legt Rothmann den Ptolemäischen Direktionsschlüssel 1 Grad = 1 Jahr zugrunde. Die heutigen Berechnungen für die von J. Rothmann in diesem Beispiel angegebenen kritischen Zeitpunkte wären bei gleichem Zeitschlüssel etwas später.
Die erste Möglichkeit liegt darin, dass die von J. Rothmann den Rechnungen wirklich zugrunde gelegte Geburtszeit am 18. 8. 1567 (jul.) 0:20 LMT war, bei der sich dann allerdings der AC und MC etwas verschiebt.
Die zweite Möglichkeit wäre, dass die Differenz an einem Rechenfehler oder am verwendeten Tabellenwerk liegt. Dafür spricht, dass sich auch bei einem folgenden Beispiel eine Fehlerdifferenz von 3° ergibt. Die heutigen Berechnungen ergeben, sofern die Direktionen dazu verwendet werden, das 27. und 35. Lebensjahr als kritische Jahre. Die

auf den Saturn bezogenen Angaben sind richtig und bleiben davon unberührt. Als Häusersystem verwendet J. Rothmann das von Regiomontanus, das zu seiner Zeit das gebräuchlichste war. Die erste Saturnwiederkehr erfolgte im 30.–31. Lebensjahr.

7 Hier berücksichtigt J. Rothmann den Einfluss des Fixsternhaufens Praesepe im Sternbild Krebs, den er im vierten Beispiel namentlich erwähnt. Ihm wird ein undurchsichtiger Mond- und Marseinfluss zugeschrieben, der durch unvorsichtige Aggressivität das Leben in Gefahr bringt. Nach den heutigen Berechnungen lag Praesepe bei ca. 1° des Tierkreiszeichens Löwe. Allerdings käme für die im Text genannten 6° Löwe auch noch der Fixstern Acubens, ebenfalls im »dunklen Sternbild Krebs«, in Betracht. – Für die Babylonier war das Sternbild Krebs das Tor zur Wiedergeburt. Für die 6° Waage ergibt sich ein Sextilaspekt zu dieser Stelle.

8 Spica galt seit jeher als einer der wohltätigsten Fixsterne. Man schreibt ihm Wissenschaftlichkeit, außergewöhnliche Begabungen und deshalb Beliebtheit zu. Für Lilly gilt er als ein wichtiger Signifikator dafür, *»ob der Geborene zu Ansehen und Beförderung kommen wird oder nicht«.* W. Lilly Bd. III, S.170

9 Der Mars steht als Nachtherrscher der Triplizität Wasser hier in den Fischen, in einem Eckhaus und innerhalb seiner »Grenzen«, was seine Wirkung verstärkt.

10 Die Berechnung mit 1:10 am, LMT, ergibt relativ genau die angegebenen Werte der Achsen und Häuser. Bei dieser Geburtszeit läuft jedoch der nach Ptolemäus dirigierte Aszendent nach heutigen Berechnungen erst drei Jahre später als angegeben, also 1623 mit 33 Jahren, in die Opposition zum Saturn des Geburtshoroskops. Ungefähr weitere drei Jahre später, also 1626 mit 36 Jahren, bildet die dirigierte Sonne in Verbindung mit dem dirigierten, absteigenden Mondkonten eine Konjunktion mit dem Geburtsmars.

Beim Verwenden der Geburtszeit von 1:19 am, LMT, ergeben sich zwar etwas weiter gerückte Häusergrenzen, für diese wären die im Text angegebenen Auslösungszeiten jedoch stimmig. Allerdings würde dann der MC ganz an das Zeichenende des Löwen rücken. Hier, wie bei allen folgenden Beispielen, ist zu berücksichtigen, dass die von Rothmann angegebenen Gradzahlen der Planetenstellungen gegenüber unseren heutigen Berechnungen ebenfalls geringfügige Unterschiede aufweisen

11 Hier ergibt sich nach heutigen Berechnungen ebenfalls ein späterer Zeitraum, nämlich 1644/45, sodass erst mit ungefähr 54/55 Jahren der dirigierte Aszendent mit dem Geburtsmars ein Quadrat bildet.

12 Die Hyaden, der Sternhaufen der Regensterne oder das »Regen-Gestirn«, befanden sich zu Rothmanns Zeiten im Tierkreiszeichen Stier, die Hyaden I bei 29°54', und in den Zwillingen die Hyaden II bei 0°58'. Ihr Einfluss soll zu einer Übersteigerung der Triebe und einem starken Geltungsdrang führen. Ihre Verbindung mit Saturn soll auf Sturz- oder Unfallgefahr hinweisen.

13 Das siebte Haus gilt auch als das der öffentlichen Feinde. Hier steht der »Übeltäter« Saturn und schränkt die Venus ein. Da er sich kurz vor der Häuserspitze befindet, rechnet ihn J. Rothmann wie üblicherweise zum siebten Haus. - In den Aphorismen heißt es unter Saturn mit Venus (im Aspekt): »In einer ungünstigen Stellung (macht er) jedoch geil und unzüchtig, Schänder der Keuschheit, Menschen, die Selbstschändung treiben, sich vernachlässigen, unsauber in der Ehe, lüsterne Frauenjäger, vorzüglich in der eigenen Verwandtschaft, leichtfertig und berüchtigt, solche, die sich in die Sinnlichkeit stürzen.« Ptolemaeus 2012, S. 205

14 Mit 53–56 Jahren bildet der dirigierte Aszendent eine Konjunktion mit 6° Löwe. Zwischen 56 bis 58 Jahren bildet der dirigierte Mond eine Opposition mit dem Mars.

15 Siehe Anmerkung 7 zum ersten Beispiel.

16 Für das 14. Lebensjahr ergibt sich zwischen der dirigierten Sonne und dem Geburtssaturn ein Quadrat.

17 Das Mittelmaß leitet Rothmann daraus ab, dass Jupiter in der Jungfrau im Fall steht.

18 In diesem Fall stimmen Rothmanns Berechnungen mit den heutigen unter Verwendung des Ptolemäus-Schlüssels überein.

19 »Widder, Krebs, Waage und Steinbock werden beweglich und kardinalen genannt; beweglich deshalb: Wenn die Sonne in den Widder und die Waage tritt, dann ändern sich Wetter und Jahreszeit schnell; kardinal werden sie genannt, weil wir nach der Zeit des Sonneneintrittes in eines dieser Zeichen die Viertel des Jahres benennen«. W. Lilly, Buch 1, S. 112

20 Im neunten Jahr ergibt sich zwar ein Sonne-Saturn-Quadrat, der dirigierte Aszendent erreicht jedoch erst etwas später, mit ca. 10–11 Jahren, die Grenze des Krebses.

21 Eine Tabelle mit den klassischen *termini* oder Grenzen findet sich in: Erik van Slooten TRADITIONELLE HOROSKOPDEUTUNG, Tübingen 2014.

22 Nach den heutigen Berechnungen ergibt sich bereits mit 32 Jahren zwischen dem dirigierten Mars und der Geburtssonne ein Quadrat. Das mag nicht zuletzt an den unterschiedlichen Werten für die Häusergrenzen und des Mars sowie an den verwendeten Tabellen liegen.

23 Hier ergibt sich die größte Abweichung: Das erwähnte Quadrat zwischen dem dirigierten Aszendenten und dem Saturn ergibt sich erst um den 50. Geburtstag.

24 Hier ist Pollux gemeint, der früher auch Herkules genannt wurde. Er stand zu Rothmanns Zeiten auf 17°33‘ Krebs und in sehr naher Konjunktion zum angezeigten Mond. »Der unheilvolle Fuß« soll wohl Rigel sein. Die Mondbewegung von Pollux auf Rigel zu ist astronomisch nicht möglich, da der Mond in die entgegengesetzte Richtung läuft. Vielleicht kam der Fehler dadurch zustande, dass auf dem 1585 von *Bürgi* begonnenen Kasseler Himmelsglobus die Sternenpositionen auf der Oberfläche spiegelverkehrt

abgebildet waren.

25 Der Mond wandert in einem Tag ungefähr 13° weiter und hat sich hier als Neumond lediglich 10° von der Sonne entfernt.

26 Hier liegt ein Ablesefehler vor, denn Merkur steht ca. 3° Wassermann, wie ihn Rothmann selbst im Horoskop beschriftet hat. Eine Übertragung des Lichtes durch den Mond ergibt sich also umgekehrt: von Merkur ausgehend auf den Jupiter.

27 Merkur beherrscht bei einer Nachtgeburt die Triplizität des Elementes Luft. Im Beispiel steht er im Luftzeichen Wassermann und in einem starken Eckhaus.

28 Für alle angegebenen Zeitpunkte ergeben sich Spannungsaspekte, an denen jeweils der dirigierte Saturn oder Mars beteiligt ist. Im 30. Lebensjahr ergibt sich ein Quadrat zwischen dem dirigierten Mond und dem Mars.

29 Für die angegebene Zeit und den Ort Augsburg ergeben sich nach heutigen Berechnungen abweichende Häusergrenzen. Die größte Übereinstimmung ergibt sich für die Zeit 0:53 am, LMT, obwohl der Aszendent dabei vorrückt. Die angegebenen, kritischen Lebensalter stimmen dann mit den beschriebenen Direktionen überein: Im 32. Lebensjahr bildet der dirigierte Aszendent mit dem Saturn ein Quadrat. Mit ungefähr 40 ergibt sich zwischen dem dirigierte AC (in Konjunktion mit Saturn) und der Venus eine Konjunktion. Mit 45 bildet der dirigierte Saturn mit dem AC ein Quadrat

30 Zu den Hyaden siehe Anm. 12.

31 Der Aldebaran sagt u.a. *»einen glücklichen Beginn oder guten Einstieg für den Erwerb eines großen Vermögens voraus«.* W. Lilly, Bd. III, S. 256

32 In diesem Beispiel gibt es bezüglich der Werte für die Planetenstellungen einige Ungereimtheiten. Geringe Abweichungen betreffen die Sonne, den Merkur und die Venus. Der Glückspunkt liegt in der Waage, direkt am DC, und

nicht in den Zwillingen. Für den Mond gibt J. Rothmann 17°30‘ an, statt den tatsächlichen 10°48‘. Dadurch liegt der erste kritische Zeitpunkt nicht bei den angegebenen 21 Jahren, sondern früher und bei ungefähr 17 Jahren. Dadurch ergäbe sich eine Mond-Sonnen-Opposition, die der Autor deshalb unberücksichtigt lässt.

33 »Castor, auch Kopf der Zwillinge oder Apollo genannt, steht unter dem Einfluss des Merkur mit einer jupiterhaften Beimischung. In Verbindung mit Mond oder Merkur soll er sich günstig auf das Gemüt und die Sittlichkeit auswirken und gute Umgangsformen geben.« Aus: R. Ebertin, DIE BEDEUTUNG DER FIXSTERNE, Freiburg, 1979.

34 Genau genommen steht die Venus am Ende des sechsten Hauses. J. Rothmann schlägt sie aber wegen ihrer Nähe zur Achse und wegen ihrer Stellung im Zeichen des siebten Hauses wie üblich dem siebten zu.

J. Rothmann verwendet hier, wie in der traditionellen Astrologie üblich, zunächst die Bezeichnung »Haus« für das Tierkreiszeichen Waage. Die heutigen Häuser wurden damals als »Häuser des Himmels« bezeichnet. Nach dem heutigen Gebrauch müsste es hier deshalb heißen: »Die Venus steht in der Himmelsfigur in dem ihr entsprechenden eignen *Zeichen*, der Waage.«

35 Als »Herz des Skorpions« wird der Fixstern Cor Skorpii oder Kalb al Akrab (arab.) bezeichnet. Er steht ungefähr in der Stirn des Skorpions und damals bei 27°46‘ Skorpion. Rothmann berücksichtigt bei seinen Deutungen nur wenige besonders markante Fixsterne. Er lässt dabei einen etwas weiteren Orbis als die heute üblichen 1° gelten. Zur Verbindung von Cor Skorpii mit der Sonne schreibt William Lilly: *»Dies zeigt große Ehren an, wenn der Geborene vorsichtig ist und nicht von Soldaten betrogen wird. Häufig erzeugt dies ein brennendes Feuer oder manche gewaltsame Handlung, sowie einen großen Schaden des rechten Auges.«* W. Lilly, Bd. III, S. 265. Lilly bezeichnet allerdings Antares als Herz des Skorpions.

36 Nach meinen Berechnungen ist der Merkur zum angegebenen Zeitpunkt noch direktläufig. Er wird jedoch am darauffolgenden Morgen rückläufig.

37 Hier stimmen alle angegebenen Berechnungen. Zusätzlich bildet um das elfte Jahr der dirigierte MC eine Opposition zum Geburtssaturn.

38 Der letzte Neumond lag vorgeburtlich im Schützen in Rezeption mit dem Jupiter und nahe am Aszendenten. Dadurch bekommt der Mond eine Dominanz und unterstreicht die Wichtigkeit des Jupiters.

39 Nach heutigen Berechnungen liegt der Zeitpunkt, bei dem sich eine Konjunktion zwischen dem dirigierten Aszendenten und dem Geburtssaturn bildet, um den 20. Geburtstag.

40 Manche Planeten fühlen sich in bestimmten Häusern besonders »wohl«. Weiter hinten befindet sich eine entsprechende Tabelle S. 131

41 Der angegebene Zeitraum entspricht den heuten Berechnungen.

42 Zu diesen Zeitpunkten ergeben sich auch nach heutigen Berechnungen mit einer gewissen Toleranz verschiedene Spannungsaspekte, an denen Saturn oder Mars beteiligt sind.

43 Auch nach heutigen Berechnungen bildet unter Verwendung des Ptolemäischen Schlüssels der dirigierte Aszendent eine Konjunktion mit Mars um den angegebenen Zeitraum.

44 Bei diesem Bespiel stimmen nahezu alle astrologischen Angaben mit den heutigen Berechnungen überein. Lediglich der kritische Zeitpunkt um das 60./61. Lebensjahr liegt etwas später, sodass sich die angezeigte Krankheitsperiode zwischen dem 61.–63. Lebensjahr ergibt.

45 Die Angabe bezüglich des 32./33. Lebensjahres, Rothmann meint immer die Zeit nach den 32. und 33. Geburtstag, ist vielleicht vom Todesjahr des Christus abgeleitet. Der Autor erwähnt diesen Zeitraum schon in einem früheren Beispiel und sagt, dass er von Saturn geprägt, also ein

besonderes Schicksalsjahr sei. Im vorliegenden Fall spricht er davon, dass dieses Jahr beweglichen, (Zeichen) adeligen und vornehmen Menschen zuwider ist. Dies bedeutet, dass davon vor allem Menschen mit Führungscharakter und einem dominanten Sonnen- und/oder Löweanteil betroffen werden. Heute würden wir dabei das Jahr beachten, das der Wiederholung der Hauptachsen im 34. Solar *vorausgeht.* Das Jahr *nach* dem 33. Geburtstag kann man daher innerhalb der Biografie als das mit einer Art Neugeburt auffassen.

46 Exakt wird die Konjunktion des dirigierten Aszendenten mit dem Mars mit 46 Jahren.

47 Dieser und die folgenden Werte treffen zu.

48 Die in der Originalschrift angegebene Ortsangabe bei 54°45‘ könnte in Putgarten auf Rügen liegen, was sehr unwahrscheinlich ist. Es gibt keinerlei Beleg dafür, dass sich Johannes Rothmann in der dortigen Gegend aufgehalten hat, auch nicht, dass er seinen Bruder 1590 auf der Reise zu Tycho de Brahe nach Dänemark begleitet hat. Für einen Zahlenfehler spricht, dass sich bei den leicht verwechselbaren 54°45‘ auf die richtigen 51°45‘ korrigiert, der Geburtsort Bernburg der Rothmann-Brüder ergibt. Dafür spricht auch, dass die letzten fünf Beispiele, von 14.–19. alle aus Thüringen stammen.

49 Christoph Rothmann (1561–1601) war einer der bedeutendsten Astronomen des 16. Jahrhunderts in Deutschland. Das Geburtsdatum schließe ich aus dem 19. Beispiel. Meist wird gerätselt, warum er 1590 seine erfolgreiche Arbeit in Kassel nicht fortgesetzt hat und in seiner Heimatstadt Bernburg, in die er in diesem Jahr zurückgekehrt war, nicht astronomisch weitergeforscht oder etwas darüber geschrieben hat. Die Ursache liegt in seiner schweren Krankheit, die aus einem Schreiben des Landgrafen Wilhelm an seinen Bruder vom Juni 1591, der Christoph Rothmanns Arbeit lobt, hervorgeht. Sie war schon zu dieser Zeit ausgebrochen und bekannt. 1592 werden in einem Brief als

Symptome Leibesbeschwerden und Leibschwachheit genannt. In einem weiteren Brief vom 5. März 1601 von *Bartholomaeus Rothmann* an den *Landgraf Moritz* wird schließlich der Todeszeitpunkt von *Christoph R.* mit Sommer 1601 angegeben. Darin wird geschildert, dass der Patient unter einer schweren, chronischen Verstopfung gelitten habe, dass er weder etwas essen, trinken, noch verdauen konnte. Zuletzt vertrug er nur noch ungekochte Milch. Dabei hatte er große Schmerzen, konnte nicht mehr gehen und war dauerhaft bettlägerig. Schließlich konnte er wegen der großen Schwachheit eine Verschleimung im Hals nicht mehr auswerfen und husten, sodass er schließlich daran erstickte. Die Symptome und zehnjährige Leidenszeit lassen einen sich langsam entwickelnden Dickdarmkrebs vermuten. Infektionen hätten einen schnelleren Krankheitsverlauf genommen. (Quelle: Wolfgang R. Dick, Dietmar Fürst, LEBENSLÄUFE UND HIMMELSBAHNEN, Leipzig 2014).

50 Der angegebene kritische Zeitpunkt im 29. Lebensjahr stimmt auf der Grundlage der korrigierten und ermittelten Daten mit den heutigen Berechnungen innerhalb von ca. 2° Orbis überein. Das gilt auch für die angegebene AC-, Saturnopposition

51 Ein mäßigendes Jupitertrigon macht sich auf den progressiven Aszendenten um das 39./40. Lebensjahr (1600–1601) nur bemerkbar, wenn man einen heute unüblich großen Orbis von 3°bis 4° gelten lässt. Innerhalb eines 1°-Orbis käme das »abwendende und abschwächende« Jupitertrigon erst ca. 4–5 Jahre später, also um 1606, in Betracht.

52 *Theses philosophicae medicae de morborum causis ex coeli ac siderum influx, Rothmann, Johannes, Basileae anno 1592,* Universitätsbibliothek Basel, Verzeichnis bas. Med. Univ. Schriften, Nr. 224, Diss 14:16.

Bibliographie

BROSSEDER, CLAUDIA: Im Bann der Sterne: Caspar Peucer, Philipp Melanchthon und andere Wittenberger Astrologen, Berlin 2004.

CHRISTIANSON, JOHN ROBERT: On Tycho's Island: Tycho Brahe, Science, and Culture in the Sixteenth Century, Abridged edition (21. November 2002).

CORVUS, ANDREAS: Ein schönes Büchlin der Kunst Chiromantia, Straßburg 1514.

DICK, WOLFGANG R., FÜRST, DIETMAR: Lebensläufe und Sternenbahnen, Leipzig 2014.

Die Heilige Schrift des Alten und Neuen Testamentes, Verlag der Züricher Bibel, Zürich 1971.

GIL BRAND, RAFAEL: Lehrbuch der klassischen Astrologie, Chiron Verlag, Tübingen 2000.

HOPPMANN, JÜRGEN G. H.: Astrologie der Reformationszeit, Berlin 1998.

HOPPMANN, JÜRGEN G. H.: Melanchthons Astrologie – Der Weg der Sternenwissenschaft zur Zeit von Humanismus und Reformation, Wittenberg 1997.

LILLY, WILLIAM: Christliche Astrologie, Buch 3, Tübingen 2008.

MAGG, MANFRED: Hand und Horoskop - Was Handlesen mit Astrologie verbindet, Tübingen, 2002.

MANILIUS, MARCUS: Astronomica Astrologie, Stuttgart 1990.

MELANCHTHON, PHILIPP: Initia Doctrinae Physicae – Die Anfänge der physikalischen Lehre, übertragen von Walter Ludwig, Rahden/Westf. 2008.

PLATIKO, RÜDIGER: Primärdirektion, Tübingen 1996.

PTOLEMAEUS, CLAUDIUS: Tetrabiblos, 2. Auflage, Tübingen 2012.

PTOLEMAEUS, CLAUDIUS: Tetrabiblos, Claudius Ptolemaeus astrologisches System, I. – IV. Buch, aus dem Griechischen übersetzt von Dr. Julius Pfaff, neuer Abdruck nach Dr. Hubert Korsch, Warpke o.J.

ROTHMANN, JOHANNES: Chiromancia Samt jhrer Theorick, Practick, vnd Astronomischer Concordantz vnd Vergleichung der Nativiteten, oder Geburtsfiguren, in etlichen Exempeln. Johann Becken, Erffordt 1596.

ROTHMANN, JOHANNES: Tabulae, Chiromanicae, lineis montibus tibus et tuberculis manus constitutionem mominum, & fortunae vires ostendentes, Wolfgang Richter, Frankfurt am Main 1613.

ROTHMANN, JOHANNES: Theses philosophicae medicae de morborum causis ex coeli ac siderum influx, Basileae anno 1592, Universitätsbibliothek Basel, Shelf Mark: Diss 14:16.

THORNDIKE, LYNN: The History of Magic and Experimental Science – The Sixteenth Century, Volumes V and VI, New York and London 1940; Kessinger Legacy Reprints: V9.

VON PRONNAY, ALEXANDER: Astrologische Direktionen – verständlich und praktisch, Bietigheim 1983.

VON SCHIERSTEDT, Claudia, Astrologische Terminwahl, Tübingen 1997.

VAN SLOOTEN, ERIK: Klassische Horoskopdeutung, Tübingen 2005.

VAN SLOOTEN, ERIK: Traditionelle Horoskopdeutung, Tübingen 2. Aufl. 2020.

VON STUCKRAD, KOCKU: Geschichte der Astrologie, München 2003.

Über den Autor

Manfred Magg, 1950 in Stuttgart geboren, lebt in Aichwald bei Esslingen. Während seiner langjährigen Tätigkeit als Klassenlehrer an einer Waldorfschule begann er sich über die Frage nach der Linkshändigkeit mit Handlesen zu beschäftigen. Durch Seminare bei Rita Issberner-Haldane, Gertrud Hürlimann und Richard Unger erwarb er sich darin fundierte Fertigkeiten. Nach einer Ausbildung und dem Abschluss als geprüfter Astrologe DAV eröffnete er eine Beratungspraxis, in der er Handlesen mit Astrologie verbindet. Im Jahr 2003 ist von ihm das Buch HAND UND HOROSKOP erschienen.

Mehr Informationen über seine Beratungen erhalten Sie auf seiner Website: www.handlesen.de

MANFRED MAGG

Hand und Horoskop

Was Handlesen mit Astrologie verbindet
256 Seiten, Hardcover, zahlreiche s/w Abbildungen
ISBN 978-3-925100-92-5

Ein Handbuch im wahrsten Sinne des Wortes Neben zahlreichen Zeichnungen bietet das Buch auch Abbildungen von Händen prominenter Persönlichkeiten samt ihren Horoskopen - z.B. von Picasso, an denen die Leser ihr erworbenes Wissen üben und vertiefen können. Wer einen raschen und fundierten Zugang zur Kunst des zeitgemäßen Handlesens in Verbindung mit Astrologie sucht, der wird an diesem Buch seine wahre Freude haben. Wer einen raschen und fundierten Zugang zur Kunst des zeitgemäßen Handlesens in Verbindung mit Astrologie sucht, der wird an diesem Buch seine wahre Freude haben. Das auch als Nachschlagwerk oder Lektüre für den Quereinstieg geeignete Lehrbuch bietet wertvolles Erfahrungswissen zur ganzheitlichen Deutung von Hand und Horoskop. Der synthetische Aufbau führt von den allgemeinen Grundlagen bis in die Details der Handdeutung – jeweils in Verbindung mit dem Horoskop. Folgerichtig hat der Autor ein eigenes Kapitel dem Thema »Astrologie für Chirologen« gewidmet. Im Hauptteil des Buches wird die Bedeutung der einzelnen Handformen anschaulich erklärt. Handlinien und Finger werden in Bezug zu astrologischen Elementen gesetzt und in ihrer Bedeutung gut verständlich dargestellt.

CHIRON VERLAG